Die
Fünf-»Tibeter«-Feinschmecker-Küche

Devanando Otfried Weise /
Jenny Frederiksen

Die Fünf »Tibeter«© –

Feinschmecker Küche

Illustrationen
von *Frieder Vogel*

INTEGRAL
VOLKAR-MAGNUM

Die Deutsche Bibliothek – CIP-Einheitsaufnahme

Weise, Otfried:
Die Fünf »Tibeter«-Feinschmecker-Küche : 144 Rezepte für
Ihren gesunden Appetit / Devanando Otfried Weise ; Jenny
Frederiksen. Ill. von Frieder Vogel. – Orig.-Ausg. –
Wessobrunn : Integral. Volkar-Magnum, 1993
(LebensReiseFührer)
ISBN 3-89304-126-5
NE: Frederiksen, Jenny:

–   5. 6. 7. 8. Auflage, 1996 1995 1994 –
(Die äußeren Ziffern zeigen Auflage und Auslieferungsjahr an)

Originalausgabe – veröffentlicht 1993 als **Lebens**Reiseführer
Copyright © 1993 by Integral. Volkar-Magnum. Verlagsgesellschaft mbH.
Schloßbergstraße 15, D-82405 Wessobrunn

Lektorat: Dr. Birgit Petrick-Sedlmeier
Umschlaggestaltung: Zembsch' Werkstatt, München
unter Verwendung des *Fünf »Tibeter«*-Titelfotos
von Helga Belohlawek, München,
und des Bildes „Le repas" von Paul Gauguin
Umschlag-Litho: Lange-Repro, Kaufbeuren
Satz: Vollnhals Fotosatz, Mühlhausen
Druck und Binden: Clausen & Bosse, Leck
Herstellung: Rainer Höchst, Dießen
Printed in Germany
... auf chlorfrei gebleichtem Papier

ISBN 3-89304-**126**-5

Inhalt

Vorwort

Liebe Leserin, lieber Leser,
vor einiger Zeit kam eine Mittvierzigerin, Frau H., zu uns. Sie hatte jahrelang erfolglos die verschiedensten Diäten ausprobiert und war schließlich vor eineinhalb Jahren bei vegetarischer Rohkost gelandet, die sie mit erheblichem Willen und Ehrgeiz konsequent durchgehalten hatte, wie sie uns nicht ohne einen gewissen Anflug von Stolz mitteilte. Sie fühlte sich trotzdem nicht sonderlich vital, und was sie am meisten irritierte, war, daß eine Reihe lästiger Beschwerden, die anfangs verschwunden waren, jetzt zurückkehrten. Ihre Nieren machten ihr zu schaffen…

Sie sah nicht glücklich aus, wie sie so – völlig abgemagert – vor uns saß und ihren Sorgen freien Lauf ließ. In ihren Worten schwang sogar bisweilen eine unterschwellige Aggressivität mit. „Sehen Sie", sagte sie, „ich ernähre mich jetzt schon so lange mit der optimalen aller möglichen Ernährungsformen, und doch geht es mir jetzt nicht besser als früher – nur daß ich mich mit meiner jetzigen Figur bei den Männern nicht mehr sehen lassen kann. Außerdem friere ich ständig. Ich verschlinge schon große Mengen an Trockenfrüchten, Nüssen und Avocados und nehme trotzdem nicht zu."

Wir fragten sie: „Haben Sie sich schon einmal Gedanken darüber gemacht, daß zu Gesundheit auch Zufriedenheit gehört? Ist Ihnen klar, daß Sie Ihre Wünsche und Bedürfnisse nicht unterdrücken sollten – auch nicht zugunsten des, wie Sie sagen, ‚optimalen' Ernährungskonzeptes?"

„Ja aber", sagte sie, „ohne Gekochtes und mit konsequenter Rohkost löst man doch alle Probleme, das hab' ich in mehreren Büchern gelesen!"

Wir boten ihr einen Tee an und legten eine sanfte Musik auf. Dann sagten wir: „Können Sie sich vorstellen, daß ein Holzfäller, ein Musiker, ein Schulkind, ein Greis, ein Draufgänger und ein Melancholiker alle die gleiche Nahrung brauchen?"

„Ja aber", wiederholte sie, „in puncto Verdauung sind doch alle gleich, und wenn Rohkost am besten für den Menschen ist, dann muß sie doch für alle gut sein!"

„Warum wirkt sie dann aber bei Ihnen nicht wunschgemäß?" fragten wir. „Die Menschen sind auch in bezug auf ihre Verdauung sehr verschieden, und sie haben unterschiedliche Bedürfnisse. Das muß man berücksichtigen. Rohkost hat zwar grundlegende Heilwirkung, ist aber auf Dauer nicht für jeden als alleinige Kost ausreichend. Sie haben es eindeutig übertrieben!" Sie schluckte.

„Wenn Ihr Körper – besonders wenn Sie frieren – auch eine warme Suppe oder z. B. gedünstetes Gemüse mit Currysahnesauce möchte, dann wird es ihm auch nützen, wenn... ja wenn Sie diese Speisen mit der inneren Überzeugung essen, daß Sie sich dabei etwas wirklich Gutes – weil persönlich Nötiges – tun, weil Sie auf die Signale Ihres Körpers und Ihre Gefühle achten."

„Daran habe ich auch schon mal gedacht", sagte sie nach einer langen Pause. „Ich halt' den Kampf einfach nicht mehr durch. Ständig muß ich auf der Hut sein. Wo ich geh' und steh', bin ich anders als meine Mitmenschen. Noch nie im Leben war ich so ungesellig. Ich bin völlig isoliert."

„Wenn Sie Wünsche nach warmen Speisen haben und damit die Rohkost ergänzen, dann begehen Sie keine Sünde", sagten wir. „Ein schlechtes Gewissen ist unangebracht. Genießen Sie, was Ihnen Ihr Körper signalisiert. Dann wird die Nahrung Freude, Liebe und Zufriedenheit vermitteln. Erst dann wird es Ihnen rundum gutgehen."

Inzwischen ist ein halbes Jahr vergangen, und Frau H. hat angerufen. „Ich bin so erleichtert", sagte sie, „endlich brauche ich nicht mehr zu kämpfen – weder mit mir noch mit meiner Umwelt. Ich habe die zu mir persönlich passende, harmonische Ernährung gefunden – die Anteile an Rohem und Gekochtem bestimme ich jeden Tag selbst. Und es geht mir blendend dabei. Meine Gefühle kommen jetzt zu ihrem Recht. Ich danke Ihnen."

In diesem Sinne, herzlichst Ihre

Jenny Frederiksen

Devananda Weil

1 Einleitung

Vielleicht haben Sie sich auch schon einmal gefragt, warum die Körperübungen der Fünf »Tibeter« so wirksam und beliebt sind. Die Antwort ist einfach: Die Bewegungen sind optimal zusammengestellt sowie einfach und leicht durchführbar. Fast jeder Mensch schafft sie und kann sie auch langfristig anwenden. Und das ist auch notwendig: Es geht ja nicht um schnelle, oberflächliche Wunderresultate, die allzuleicht wieder verschwinden, sondern um das Fundament für einen langfristigen Gewinn an Gesundheit und Wohlbefinden. Schon nach kurzen Experimenten wird den meisten, welche die Übungen regelmäßig durchführen, auch klar, daß der Erfolg wesentlich gesteigert werden kann, wenn man zusätzlich den Ernährungsratschlägen folgt, die nebenbei mitgeteilt werden.[1] Diese Grundgedanken über Ernährung aus dem Originalbuch und die daran anschließenden Ausführungen aus dem Buch „Erfahrungen mit den Fünf »Tibetern«" haben wir im folgenden für Sie und Ihre tägliche Praxis ausgearbeitet und dargestellt. Auch sie sind – wie die fünf Übungen – in ihrer Wirkung auf den menschlichen Körper höchst erstaunlich und bemerkenswert, und das sowohl unmittelbar als vor allem auch auf Dauer.

---

1) Diese Ratschläge lauten:
1. Kohlehydrate und Fleisch nicht bei ein und derselben Mahlzeit essen (d. h. Trennkostregeln beachten).
2. Kaffee schwarz oder besser gar nicht trinken.
3. Sehr gründlich kauen.
4. Täglich ein rohes Eigelb essen (ist nicht notwendig und wird hier auch nicht empfohlen, vgl. S. 21).
5. Reduktion der Anzahl verschiedender Lebensmittel bei ein und derselben Mahlzeit auf ein Minimum.

Auch gesundes Essen muß schmecken!

Das vorliegende Buch ist weder ein „Kochbuch" im üblichen Sinne noch eine Anleitung für eine neue „Wunderdiät". Es ist ein solide fundiertes, gründlich erprobtes Rezept- und Ernährungsbuch für die so sehr geforderten Menschen der Industrieländer am Ende des zwanzigsten Jahrhunderts – also für uns, für Sie. Es basiert auf dem Grundgedanken über Ernährung aus den Büchern „Die Fünf »Tibeter«" sowie „Erfahrungen mit den Fünf »Tibetern«". Es richtet sich an Zeitgenossen, denen es auf Ursachenbekämpfung und Dauererfolge ankommt und die durch Eigenverantwortung zu individuell passenden Ergebnissen kommen möchten. Es enthält rund einhundertvierundvierzig Rezepte, die Sie leicht nachvollziehen können. Diese Speisen werden Ihnen nicht nur echte Befriedigung und mehr Gaumenfreuden bereiten als die herkömmliche, „gutbürgerliche" Industrie-nahrung, sondern Sie zugleich optimal ernähren und gesund-erhalten. In unserem Feinschmecker-Imbiß „Gourmet's Garden" in München locken wir mit diesen Gerichten seit sieben Jahren täglich Hunderte von begeisterten Kunden vom üblichen Junkfood weg zu Frische, Wohlgeschmack und Gesundheit.

Leicht praktisch umsetzbar

Außerdem bietet das Buch eine Fülle von aufeinander abge-stimmten, praktisch verwertbaren Informationen, die Sie zu eigener Kreativität beim Umgang mit Lebensmitteln, bei der Zusammenstellung Ihrer Speisen und bei der Küchenarbeit anregen sollen. Die wichtigsten Grundlagen für eine gesunde Ernährung werden Ihnen helfen, Ihre individuell richtige, harmonisierende Ernährung herauszufinden, die Sie, zusam-men mit der regelmäßigen Übung der Fünf »Tibeter«, gesund und munter macht. Rezept- und Ernährungsteil passen zusammen – hier wird nichts angeregt, was Sie nicht auch praktisch in die Tat umsetzen können. Das alles haben wir in einen kurzweiligen Hintergrund eingebettet, angereichert mit kleinen Geschichten, die sich um einige Speisen ranken. Wir bitten Sie also, das Buch nicht nur als schnelles Nachschlagewerk in der Küche bei der Zubereitung der Speisen zu benutzen, sondern auch als Lesebuch für Mußestunden. Damit Ihnen das leichter fällt, haben wir die Rezeptseiten besonders gekennzeichnet.

Genaue Information und Anleitung

Vieles, was wir vorschlagen, wird erst aus den einleitenden Kapiteln verständlich. Sie werden nur dann bereit sein, zum Beispiel Ihre Frühstückssitten zu ändern oder Ihren Gästen eine völlig neue Menüfolge vorzusetzen, wenn Sie verstanden haben, warum dies sinnvoll ist. Nehmen Sie sich also ein wenig Zeit, die Sie sich selbst in Liebe schenken. Unser Körper ist der Tempel unseres Geistes – und dieser Tempel bedarf der Pflege und der rechten Nahrung, wenn wir uns wohl fühlen wollen.

Meist findet man nicht den rechten Zugang zu einer verbesserten Lebensweise, speziell zu einer neuen Ernährungsform, wenn man am Anfang keine genauen Anleitungen erhält. Essen gehört ja zu unseren Gewohnheiten, an denen wir besonders stark festhalten; eine Änderung kann so schwierig sein wie die Loslösung von unserer Mutter und unserer Kindheit. Es ist deshalb hilfreich, wenn man gleich zu Anfang einen praktischen Ratgeber hat, an den man sich mit seinen auftretenden Fragen wenden kann. Wir stellen deshalb unser „Einmaleins der Ernährung" an den Anfang und bereiten so den Boden für die folgenden Rezepte. Ausführlichere Erläuterungen finden Sie in unseren Büchern „Harmonische Ernährung" sowie „Melone zum Frühstück".

Langjährige Profi-Erfahrung

Das vorliegende Buch ist erwachsen aus unseren langjährigen Erfahrungen als Naturwissenschaftler, Gesundheits- und Ernährungsberater in Ernährungs- und Kochkursen sowie individuellen Einzelberatungen und aus unserer langjährigen Tätigkeit als Köche und Inhaber des vegetarischen Feinschmecker-Imbisses, Partyservice und Natur-Feinkostladens

„Gourmet's Garden" in München-Schwabing. Die Rezepte sind das Ergebnis unserer langjährigen Zusammenarbeit in Praxis und Theorie.

Der Geist der Fünf »Tibeter«

Bei der hier vorgeschlagenen Ernährungsweise handelt es sich, wie Sie sich vielleicht denken können, nicht darum,

14

daß Sie jetzt so essen, wie es die Mönche in Tibets Klöstern über Jahrtausende hin getan haben oder gar, wie sie es heute tun. Erstens sind auch dort mittlerweile moderne (Un-)Sitten eingerissen, und zweitens wäre dies eine unnötig eintönige, für uns geschmacklich unbefriedigende Einschränkung – Sie haben viel bessere und zahlreichere Lebensmittel zur Verfügung als die Tibeter in ihren rauhen, abgelegenen Höhen. Eine solche Ernährung wäre auch schon deshalb für Sie nicht geeignet, weil Sie in einer ganz anderen Umwelt, in einem anderen Klima, in einem anderen Kulturkreis leben und andere Aufgaben im Leben haben – es sei denn, Sie wären Eremit und würden Ihr Leben ganz religiösen Studien und der Meditation widmen und versuchen, auf dem Weg der Askese voranzuschreiten. In unserem Buch geht es um den Geist, der aus dem Buch „Die Fünf »Tibeter«" spricht: naturnahe und einfache Speisen, aus einwandfreien Grundlebensmitteln selbst zubereitet und in der richtigen Umgebung mit der nötigen Ruhe verzehrt. Die echte Feinschmeckerküche lebt von der Qualität der Zutaten und der schonenden Art der Zubereitung, welche die natürlichen Aromen nicht zerstört.

Harmonische Ernährung durch Eigenverantwortung
Sie können Ihr Leben so gestalten, daß Sie weitestgehend gesund und leistungsfähig, vital und abwehrstark gegen Krankheiten, geistig klar und wach sind und obendrein Freude am Leben – nicht zuletzt am Essen – haben. Dies ist im Rahmen einer Ernährung möglich, die alle relevanten Inhaltsstoffe bietet, die köstlich schmeckt und befriedigt, die den Körper rein hält, ihn kräftigt und für die Aufgaben präpariert, die Sie sich vorgenommen haben – seien diese nun gesundheitlicher, sportlicher, geschäftlicher, geistiger oder spiritueller Natur. Sie können Ihr Ziel nur dann erreichen, wenn Sie

Ihre Ernährung individuell gestalten. Es gibt keine allgemein segenbringende, richtige Ernährung für jedermann. Das vorliegende Buch ermuntert Sie herauszufinden, was zu Ihnen paßt, und gibt Tips, wie Sie dies tun können. Sie können sich zwar individuell beraten lassen – müssen dann aber selbst ausprobieren und entscheiden!

Der ganzheitliche Ansatz

Dabei sollten Sie aber immer im Auge behalten, daß auch die beste, äußerlich optimal eingerichtete Lebensweise dann nicht zum Erfolg führt, wenn sie nicht gefühlsmäßig, gedanklich und seelisch eingebettet ist. Sie können alte – inzwischen unzweckmäßig gewordene – Eßgewohnheiten nur dann ablegen, wenn Sie gleichzeitig auch alte Gedankenmuster aufgeben und die zugehörigen Gefühle zulassen und anschauen. Gesunde Ernährung, richtiges Atmen und Bewegung sowie ausreichend Schlaf und Entspannung allein reichen zu Gesundheit und Wohlbefinden nicht aus. Sie können nur dann gesund und glücklich werden,

– wenn Sie an einem Arbeitsplatz sind, der Ihnen entspricht, an dem Sie wirklich etwas leisten können und der Sie so begeistert und befriedigt, daß Sie nicht dauernd von Arbeitszeitverkürzung träumen,

– wenn Sie sich in Ihren Beziehungen mit den Menschen umgeben, die aus tiefstem Herzen zu Ihnen passen, die Sie ergänzen und mit denen Sie wachsen können,

– wenn Sie außer den rein materiellen Aufgaben des täglichen Lebens auch Ihre religiösen und spirituellen Bedürfnisse befriedigen (etwa durch Gebet und Meditation).

Eine gesunde Ernährung und ausreichend Sport und Bewegung können das nicht ersetzen. Was nutzt es, wenn Sie durch eine strenge, überwiegend basenbildende Diät Ihren Körper entschlacken, wenn Sie ihn aber gleichzeitig durch einen streßerfüllten, mit Ängsten durchsetzten und von Rechthaberei oder ständigen Enttäuschungen bestimmten Alltag wieder versauern und vergiften? Ohne eine positive Geisteshaltung, ohne Selbstvertrauen und Selbstachtung, ohne liebevollen Umgang mit sich selbst werden Sie niemals gesund und glücklich – und Sie werden auch keine Freude für Ihre Umgebung sein!

Leichte und schnelle Zubereitung
Wenn Sie Ihre Nahrung von der modernen Variante der „gutbürgerlichen Küche" mit ihren zahlreichen Halbfertig- und Fertigprodukten aus der Chemieküche und aus der tierquälerischen Massentierhaltung, die Sie im Laufe der Zeit krank und matt macht, weg entwickeln wollen, dann sollte die neue Nahrung so sein, daß sie nicht nur köstlich schmeckt und alles Notwendige enthält, sondern daß Sie sie auch leicht und schnell selbst zubereiten können, und zwar aus Zutaten, die Sie (abgesehen von einigen Ausnahmen) auf dem Heimweg im Vorübergehen kaufen können. Das Leben besteht ja noch aus anderen Dingen als aus Einkaufen und Küchenarbeit, wobei es natürlich in Ihrem eigenen Interesse nicht schadet, wenn Sie ein klein wenig Spaß daran haben, sich selbst und Ihren Lieben etwas wirklich Gutes zuzubereiten. Leider erklären immer wieder Menschen in der Ernährungsberatung, daß sie dafür keine Zeit hätten. Sie sagen, sie seien auf Restaurantessen, Fertigprodukte und die Mikrowelle angewiesen. Das ist etwa so wie der Verzicht auf Partnerschaft und Liebe zugunsten von Liebesromanen oder -filmen. Viele Menschen sind sich überhaupt nicht darüber im klaren, wie sehr

sie sich dadurch schaden, daß sie sich nicht die Zeit nehmen, ihre Nahrung aus frischen Zutaten selbst zuzubereiten und mit Muße in angenehmer Umgebung zu verzehren.

Die folgenden Rezepte bestechen durch ihre Einfachheit – eine Speise wird nicht dadurch besser, daß Sie mit den raffiniertesten Methoden von Meisterköchen stundenlang in der Küche herumlaborieren: Der Reichtum einer gesunden Ernährung liegt – wie Sie in den Fünf »Tibetern« nachlesen können – in der Einfachheit. Der Körper erhält dadurch klare Signale und kann besser verdauen. Achten Sie beim Durchlesen der Rezepte darauf, daß bei etwas Komplizierterem auch eine Einfachmethode angegeben sein kann, die sich für die tägliche „Schnellküche" eignet, während sich die etwas umständlichere Originalversion für „Gastmähler" anbietet.

Klare, durchdachte Information

Anhand detaillierter Beispiele sagen wir Ihnen – klar und deutlich –, ohne Verpflichtung irgendwelchen Interessengruppen aus Landwirtschaft oder Industrie gegenüber, welche Lebensmittel und Speisen Sie am besten mit allen nötigen Nährstoffen versorgen. Wir zeigen Ihnen, wie Sie herausfinden, was Sie in verschiedenen Situationen wirklich befriedigt, was Sie sich rundum wohl fühlen läßt. Dieses Buch mit seinem ganzheitlichen Ansatz soll ein Führer durch den Wirr- und Irrgarten der zahllosen Ernährungs- und Diätvorschläge sein. Es enthält Vorschläge für eine individuell gestaltete Dauerernährung – nicht für eine Wunderkur, auch wenn manchem die Ergebnisse wie ein Wunder vorkommen werden. Es geht beispielsweise darum, wie leicht Sie Ihr Gewicht reduzieren können und wie kraftvoll Sie sich auf einmal fühlen, weil Sie Ihre Energie nicht mehr nutzlos überwiegend für die Verdauung von zu schweren, falsch kombinierten Speisen vergeuden.

Devanando O. Weise / Jenny Frederiksen

Die Quellen: Ayurveda und „Natürliche Lebenskunde"
Die Ernährungsvorschläge aus den Fünf »Tibetern« ruhen auf
zwei Säulen. Die eine ist die zeitlose Weisheit des Ernährungs-
und Gesundheitssystems des Ayurveda – der Wissenschaft des
Lebens – aus dem alten Indien. Dieses Heilsystem ist in Indien
wie in Nepal und Tibet auch heute noch weit verbreitet, auch
in Klöstern Tibets. Es ist ein System, das – wie die von uns
konzipierte „Harmonische Ernährung" – ganz auf die individuellen Bedürfnisse des Menschen eingeht. Einige Grundsät-
ze des Ayurveda finden sich im Erfahrungsschatz der „Natürlichen Lebenskunde" wieder, die in den USA unter dem
Namen „Natural Hygiene" seit über 160 Jahren erfolgreich
und in Deutschland vor allem durch die zahllosen Bücher aus
dem Waldthausen Verlag (z. B. „Fit fürs Leben" der *Diamonds*)
bekannt geworden ist. So lesen sich die Vorschläge für eine
gesunde Ernährung in den Fünf »Tibetern«, als ob sie stark von
der „Natürlichen Lebenskunde" beeinflußt wären.

Zeitlose Weisheit
Alles in allem handelt es sich bei den hier vertretenen Grund-
sätzen um Erkenntnisse, die in allen alten Kulturen – besonders in alten Weisheitsschulen – bekannt waren. Die Segnun-
gen der vegetarischen Ernährung und speziell von Früchterohkost waren zum Beispiel Jesus ebenso bekannt wie Pythagoras,
den alten Indern und den pharaonischen Priestern. Dies
bedeutet nicht, daß Sie nun über Nacht strikter Vegetarier oder
gar einhundertprozentiger Rohköstler werden müßten. Wir
werden diese Zusammenhänge erläutern und Ihnen jüngste
Erfahrungen von Menschen aus Ihrer Umgebung mitteilen,
damit Sie nicht vor lauter anfänglicher Begeisterung in eine
Falle laufen. Auch Tips, wie Sie Ihre gesunde Kost auch dann
praktizieren können, wenn Sie unterwegs sind – im Restaurant, bei Einladungen oder auf Reisen –, sollen nicht fehlen.

2 Grundlagen gesunden Essens

2.1 Anforderung an die Zutaten, Tips für Einkauf und Vorratshaltung

Die wichtigste Grundregel für eine gesunde Ernährung:
Bereiten Sie Ihre Speisen aus frischen Lebensmitteln (natürlichen Grundprodukten) unmittelbar vor der Mahlzeit mit einfachen, schonenden Methoden selbst zu.

Damit ist – nach einer einfachen Umlernphase – kein unvertretbarer täglicher Zeitaufwand verbunden. Wie Ihnen jeder Gourmetkoch bestätigen wird, kommt es nämlich nicht auf eine möglichst raffinierte, zeitraubende Zubereitungsmethode an, sondern in erster Linie auf Frische und Qualität der Zutaten. Diese sollten reif, weitgehend unbehandelt und wenn möglich aus biologischer Landwirtschaft sein.

Wir empfehlen als Ihre Hauptlebensmittel:
- In erster Linie Obst, Gemüsefrüchte (vgl. S. 40 unten), Salate, Gemüse, Sprossen, Kräuter, Nüsse, Samen und kaltgepreßte Öle,
- in zweiter Linie in Maßen Getreide, Hülsenfrüchte, Gewürze, süße Sahne und Butter.

Wir raten ab von folgenden Produkten:
- Industriell verarbeiteter Milch (pasteurisiert, sterilisiert, ultrachocherhitzt, homogenisiert usw.) und den daraus hergestellten anderen Milchprodukten (Yoghurt, Quark, Käse usw). Wenn Sie auf Milch nicht verzichten wollen,

dann empfehlen wir nur Rohmilch (wird als Vorzugsmilch verkauft) und Rohmilchprodukte. Diese Lebensmittel raten wir nur sehr sparsam zu verwenden. Die meisten Menschen können ohne Milch, Käse und Yoghurt usw. leben, ohne daß ihnen gesundheitlich etwas fehlt, ja sie werden ohne die kommerziellen Milchprodukte ein erhebliches Plus an Gesundheit erlangen. In späteren Kapiteln werden wir dies näher begründen.

- Eiern[1], Fisch, Fleisch und anderen tierischen Produkten. Schränken Sie diese zumindest stark ein, und bemühen Sie sich ganz besonders darum, Produkte zu erhalten, die nicht aus der Massentierhaltung kommen und die mit möglichst wenig Chemie in Berührung kamen; vor allem aber meiden Sie Produkte vom Schwein sowie Wurst (vgl. Kapitel 2.3).

Meiden Sie folgende Nahrungsmittel und Speisen – oder schränken Sie sie möglichst weitgehend ein:
- Alle Produkte, die aus den oben genannten vollwertigen Lebensmitteln der ersten Wahl durch verschiedene industrielle Verfahren isoliert wurden; z. B. weißes Mehl, polierter Reis, Zucker, Stärke, extrahierte und raffinierte Öle, sogenanntes Sojafleisch usw.

- Alle konservierten Produkte, z. B. Obst-, Gemüse-, Fleisch-, Wurst- und Fischkonserven, Fruchtsäfte und Fruchtsaft-

---

1) Das *rohe Eigelb,* das Colonel Bradford empfiehlt, sollten Sie nach den jüngsten Erkenntnissen besser nicht zu sich nehmen. Nicht einmal, wenn Sie auf dem Land wohnen und Ihre Eier garantiert frisch direkt aus den Nestern von Hühnern erhalten, die nach artgerechter Bodenhaltung leben und völlig natürlich ernährt werden. Sie sollten Sie die Finger von Eiern lassen und statt dessen über Nacht eingeweichte Nüsse essen. Die Eier, die bei uns heutzutage auf dem Markt sind, sind zunehmend mit Salmonellen verseucht, die beim Menschen tödlich wirken können (vgl. DER SPIEGEL, No. 6/1993). Zudem sind Fier, wenn sie älter als wenige Stunden sind, extrem stark mit allen möglichen Arten anderer Keime belastet.

getränke und andere „Softdrinks" aus Flaschen und Dosen, H-Milch, Trockenmilch, Eipulver usw. (Ausgenommen davon sind Trockenobst – wenn es schonend getrocknet wurde – und mit Einschränkungen unbehandeltes Tiefkühlgemüse. Einfrieren ist nach Trocknen die schonendste Konservierungsmethode.)

– Alle künstlichen Präparate wie Süßstoffe, Aromastoffe, Vitamine und sog. „Würzmittel" (so lautet der Begriff auf der Zutatenliste der Lebensmittelverpackung; es handelt sich hierbei um ein Chemieprodukt, das Sie nicht mit echten, natürlichen Gewürzen verwechseln sollten).

– Alle Halbfertig- und Fertigprodukte und -menüs inkl. Tiefkühlkost. Kehren Sie der Nahrungsmittelindustrie den Rücken, und halten Sie sich an Zutaten, wie Sie sie direkt vom Gärtner, Bauern etc. erhalten könnten und wie Sie sie im Naturkostladen und im Reformhaus bzw. bei Ihrem Gemüsehändler kaufen können.

Experimentier-Vorschläge statt Verbote
Bitte fassen Sie diese Wertung der Lebensmittel als eine Anregung zu eigenen Experimenten auf, nicht nach dem Motto: „Jetzt darf ich dies und jenes nicht mehr essen." Sie werden sehr schnell merken, daß es Ihnen gesundheitlich besser geht, wenn Sie die tierischen Produkte stark einschränken und den Brotkonsum reduzieren und statt dessen mehr Lebensmittel der ersten Wahl und einen höheren Anteil an Rohem essen. Die gesundheitliche Verbesserung wird Ge- und Verbote für Ihre Nahrungszusammenstellung überflüssig machen.

Wenn Sie selbst zubereiten, wissen Sie, woher Sie die Zutaten haben und was mit der Nahrung geschieht, bevor Sie

sie essen. Die Nahrung kommt ja nur mit Ihrer Energie in Kontakt und wird nicht durch Negativität von Köchen oder Industriearbeitern belastet. Und vor allem ist sie frei von der Vielzahl von Stoffen, welche die Industrie ihren Produkten zusetzt, um den Fertigungsprozeß ökonomisch zu gestalten, das Verfallsdatum der Ware möglichst weit hinauszuschieben und den Geschmack so zu steuern, daß Sie ungeachtet Ihrer wirklichen Bedürfnisse möglichst viel davon essen. Künstliche äußere Schönheit täuscht bei diesen Produkten über den Mangel an inneren Werten hinweg.

Das jahreszeitliche Angebot nutzen

Gewöhnen Sie sich an, sich beim Einkauf wieder mehr nach der Jahreszeit zu richten. Selbst wenn Sie nicht genau wissen, wann die verschiedenen Lebensmittel reifen, so können Sie schon am Preis erkennen, ob ein Produkt gerade Erntezeit hat. Viele Gemüsesorten schmecken fade und haben weniger Inhaltsstoffe, wenn sie außerhalb der Jahreszeit im Glashaus gezogen werden. Denken Sie nur an den Kopfsalat und die Tomaten aus Holland oder Belgien im Winter, und vergleichen Sie sie mit Eiertomaten aus dem sonnendurchglühten sommerlichen Italien oder Ihrem eigenen Garten. Es lohnt sich, sich auch theoretisch mit den Früchten und Gemüsen zu beschäftigen – es gibt inzwischen ausgezeichnet bebilderte Werke darüber.

Ein persönliches Verhältnis aufbauen

Für den Einkauf von Obst und Gemüse wählen Sie am besten einen Einzelhändler aus. Bauen Sie zu ihm ein Vertrauensverhältnis auf, indem Sie regelmäßig bei ihm kaufen. Er wird Sie dann auch gern beraten und nicht versuchen, Ihnen altes Zeug anzudrehen, ja er wird Ihnen sogar Sonderwünsche erfüllen. Suchen Sie sich einen Gemüsehändler, der nicht nur Geschäftssinn, sondern vor allem auch Gespür für echte Qualität hat. Auf dem Großmarkt gibt es sehr unterschiedliche Qualitäten. Und so ist ein Händler, der eine gute Vorauswahl trifft, durch nichts zu ersetzen.

Vorratshaltung
Neben den Lebensmitteln, die Sie immer nur möglichst kurz vor dem Verzehr kaufen (Früchte, Salate, Gemüse und frische Kräuter), sollten Sie von den übrigen Zutaten immer einen gewissen Vorrat zu Hause haben. Besonders ist ein gut sortierter und übersichtlich geordneter Vorrat an Gewürzen und getrockneten Kräutern hilfreich. Auch hat es sich bewährt, immer Trockenfrüchte zu Hause zu haben, damit Sie im Falle eines Falles zumindest die Auswahl zwischen gesunder Dattel- und ungesunder Schokosüße haben (vgl. die Einkaufsliste in Kapitel 16). Mit Kräutern und Gewürzen sollten Sie sich ein wenig beschäftigen, denn Pfeffer, Salz und Petersilie sind nicht die einzigen und noch nicht einmal die wichtigsten bzw. wertvollsten Gewürze. Wir werden Ihnen in Kapitel 3.3 einige wichtige Gewürze in ihrer geschmacklichen und vor allem auch gesundheitlichen Wirkung erklären und Ihnen sinnvolle Beispiele für deren Verwendung aufzeigen.

Zu Ihrer Information empfehlen wir Ihnen die Bücher „Das Öko-Lexikon unserer Ernährung" (von *Billen-Girmscheid* und *O. Schmitz*, Krüger Verlag) sowie „Naturkost – ein praktischer Warenführer", Band 1 und 2 (von *R. Goetz*, Pala-Verlag).

2.2 Rohkost und gegarte Kost: Wirkungsweise und Resultate

Auf Dauer nicht nur Rohkost

Zum Thema Rohkost sind zahlreiche Bücher erschienen, die diese Ernährungsweise über alles loben und sie allen Menschen als strikte Dauernahrung empfehlen. Viele Menschen haben dies auch inzwischen unter den heutigen Bedingungen ausprobiert; die meisten von ihnen sind zu dem Ergebnis gekommen, daß pflanzliche Rohkost zwar für beschränkte Zeit als Heilnahrung ganz Hervorragendes, Unersetzliches leisten kann, daß sie jedoch als alleinige Dauernahrung für die meisten Menschen nicht geeignet ist. Es hat sich herausgestellt, daß es äußerst segensreich ist, wenn die Dauernahrung zu einem individuell verschiedenen, aber möglichst hohen Anteil aus frischen, reifen, rohen Lebensmitteln besteht und daß Sie alles, was Sie garen, so schonend wie möglich behandeln (vgl. Kapitel 2.6). Ein gewisser Anteil an gegarter Nahrung hat sich jedoch für fast alle Menschen auf Dauer und unter den heutigen Lebensbedingungen der Industriegesellschaft als notwendig erwiesen, es sei denn,

1. Sie sind kerngesund (wer ist das schon?),

2. Sie haben von Ihrer Konstitution her eine optimale Verdauungskraft – das ist nur bei manchen Menschen und dann in der Regel auch nur in der Jugend der Fall,

3. Sie haben eine körperlich stark fordernde Tätigkeit (Holzfäller, Steinbruchsarbeiter u. ä.), oder Sie treiben täglich mehrere Stunden Sport.

Die Vor- und Nachteile der Rohkost

Rohe Nahrung ist aufgrund ihres hohen Gehaltes an Vitalstoffen (Vitamine, Enzyme, Mineralstoffe) und Wasser theoretisch am leichtesten verdaulich. Dies gilt – mit Ausnahme von Obst – aber nur für die Menschen, welche die oben genannten drei Voraussetzungen erfüllen. Ist dies nicht der Fall, dann schafft Rohkost für die meisten Menschen Verdauungsprobleme, die sich darin äußern, daß Beschwerden auftreten (z. B. Magendrücken, Blähungen) oder darin, daß die Lebensmittel zwar (meist rasch) verdaut werden, daß der Körper aber nicht in der Lage ist, die nötigen Nährstoffe daraus aufzunehmen, obwohl sie vorhanden sind. Wenn diese Menschen nur von Rohkost leben, dann haben sie zwar anfangs große Heilerfolge, weil der Körper ähnlich wie bei einer Fastenkur Gewicht verliert, optimal gereinigt wird, weil weniger neue Gifte nachkommen und weil die vielen Vitamine, Enzyme, Mineralien und Spurenelemente segensreich wirken. Nach einiger Zeit aber kommt der Körper eines Tages an den Punkt, an dem er nicht mehr von der eigenen Substanz leben kann, weil die Vorräte aufgebraucht sind – ähnlich wie man auch nicht auf Dauer fasten kann, so segensreich eine Fastenkur für viele auch sein mag. Die Menschen nehmen dann weiter ab, werden schließlich untergewichtig, schwach und nervös. Spätestens jetzt kommen auch wieder die alten oder neue Krankheitssymptome hinzu, die man nun nicht mehr als Reinigungskrisen abtun kann. Jetzt hilft nur noch ein gewisser Anteil an – für diese Menschen besser verwertbarer – gegarter Nahrung. Diese Problematik betrifft leider auch in vollem Umfang die vielgepriesene überwiegende Früchterohkost.

Nahrung als Information

Nahrung ist für uns um so wertvoller, je mehr „Sonneninformation" ein Lebensmittel gespeichert hat. Wir Menschen sind im Grunde komprimiertes Sonnenlicht – so unglaublich und theoretisch dies auch klingen mag. Wir sind hochorganisierte und äußerst komplex vernetzte Organismen, die den hohen Organisationsgrad nur aufrechterhalten können, wenn ständig Information von der Sonne nachgeliefert wird. Wir erhalten diese Information direkt von der Sonne und auf dem Umweg über die Nahrung. Dabei sind frische, lebendige Pflanzenzellen die Überträger der Sonneninformation, die man auch mit Lebens- oder Vitalkraft gleichsetzen kann. Sie können dies, weil sie selbst lebendig sind und von der Sonne alles gespeichert haben, was wir benötigen. Dies äußert sich in der sogenannten ultraschwachen Lichtstrahlung, die lebende Zellen abgeben und die die Physiker mit Hilfe von Verstärkern messen können. In dieser Information und in den zahlreichen Vitalstoffen liegt die Heilkraft der rohen Nahrung, die das Immunsystem regeneriert und erhält. Diese Information ist verloren, wenn die Pflanzenzellen durch Erhitzen abgestorben sind. Am wirkungsvollsten, weil am reichsten an Sonneninformation, an Vitaminen und Enzymen, sind alle Pflanzenteile, die am Tageslicht wachsen – inklusive der angekeimten Saaten (Sprossen), wenn man sie am Licht keimen läßt. Eine reif geerntete Frucht ist quasi von der Sonne gegart.

Schonend gegarte Speisen

Unter der Erde wachsende Wurzeln und Knollen dagegen haben die Sonne erst bei der Ernte gesehen und sind deshalb auch nicht so leicht verdaulich wie Obst. Diese unterirdischen Pflanzenteile wie Karotte, Pastinake, Sellerie, rote Bete u. a. bieten sich deshalb besonders zum schonenden Garen an, das in Kapitel 2.6 besprochen wird. Dabei werden die Vitalstoffe nur zum Teil zerstört und auch die Zellen nicht unbedingt völlig abgetötet. Warme Mahlzeiten sind um so besser, je kürzer die Garzeit oder je niedriger die Temperatur ist. Außerdem sollte man diese Speisen sofort nach der Zubereitung essen, weil der Gehalt an Vitalstoffen durch längeres Stehen stark abnimmt. Reste aufheben oder gar nochmals aufwärmen ist eine Sparmaßnahme, die auf Notzeiten beschränkt sein sollte, wenn es ohne Rücksicht auf die Gesundheit nur noch darauf ankommt, daß man überhaupt etwas im Magen hat. Wieder aufgewärmte Fertigmenüs geben Ihnen keine Vitalität und schaden auf lange Sicht Ihrem Immunsystem, besonders, wenn Sie einen Mikrowellenherd einsetzen.

Aus Gewohnheit leichter verdaulich

Trotz ihres niedrigen Gehalts an verdauungsfördernden Enzymen sind gegarte Speisen für viele Menschen leichter verdaulich als Rohkost, weil sich der Organismus an die Kochkost gewöhnt hat und weil der Enzymmangel in den Speisen zum Teil durch eine Aufbereitung (Lockern, Zerlegen, Weichmachen etc.) der Inhaltsstoffe durch das Erhitzen überbrückt und die Verdauung durch Kräuter und Gewürze angeregt wird. Der Körper stellt in diesem Fall die Verdauungsenzyme selbst zur Verfügung; dies kostet allerdings Energie und Vitalkraft. Deshalb wird man nach einem Kochkostmenü schläfrig, während man nach einer Mahlzeit aus frischem Obst eher munter wird.

Leider mangelt es der gegarten Kost nicht nur an Enzymen, sondern auch an Vitaminen und meist auch an Mineralien und Spurenelementen sowie an der Information aus dem Sonnenlicht. Außerdem entstehen beim Garen, besonders beim Grillen, bekanntlich viele neue Substanzen, die zum Teil krebserregend sind. Deshalb werden Menschen mit reiner Kochkosternährung im Laufe der Jahre schwach und krank. Sie ergänzen ihre Vitalkraft nicht ausreichend.

Man kann die Problematik in zwei Sätzen zusammenfassen:

Rohkost ist Heilnahrung – Kochkost ist Mastnahrung.
Wenn Sie abnehmen, sich entschlacken, entgiften, vitalisieren und heilen wollen, ist weit überwiegende bis reine Rohkost angesagt. Wenn Sie zunehmen wollen, dann müssen Sie die Rohkost durch Kochkost ergänzen. Zur Kochkost gehört in diesem Zusammenhang alles Erhitzte, auch z. B. Brot. Es gibt nur wenige Menschen, die mit reiner Rohkost zunehmen. Allerdings können auch die Menschen, welche die oben genannten drei Voraussetzungen erfüllen, mit reiner Rohkost auf Dauer gesund bleiben. Mit reiner Kochkost schafft es hingegen niemand. Eine individuell geregelte Mischung ist nötig. Inwieweit es sinnvoll ist, neben pflanzlichen auch tierische Produkte mit einzubeziehen, wird in Kapitel 2.3 erläutert.

Der Anteil an Rohem
In der Praxis könnte es z. B. so aussehen, daß Sie 60% Ihrer Lebensmittel roh essen, 20% schonend gegart und 20% herkömmlich gegart (z. B. als Brot oder gekochtes Getreide, Hülsenfrüchte etc.). Neben reinen Rohkostsalaten bietet es sich z. B. auch an, gedünstetem Gemüse kurz vor dem Servieren, wenn das Gericht schon auf Eßtemperatur abgekühlt ist, einen Anteil an Rohem zuzumischen. Dies macht sich zum Beispiel gut bei püriertem Spinat oder bei gedünstetem Gemüse, das man durch darüber gestreute Sprossen, gehackte Küchen- oder Wildkräuter oder etwa durch klein geschnittenen Chinakohl oder Tomaten verbessern kann, ohne daß der Esser den Eindruck hat, er müßte jetzt ein Rohkostgericht verzehren. Auch Kombinationen zwischen einem großen Rohkost- oder Salatteller mit Pellkartoffeln oder Naturreis sind sinnvoll. Dabei ist es allerdings am besten, erst das Rohe und dann das Gegarte zu essen.

Umstellungsprobleme

Der Mensch verwendet etwa seit einer halben Million Jahre das Feuer. Es ist nicht bekannt, ob er auch schon so lange – zumindest anteilweise – gegarte Nahrung zu sich nimmt. Zumindest in den Eiszeiten, von denen es in dem angegebenen Zeitraum eine ganze Reihe gab, haben die Menschen unserer Breiten mit Sicherheit reichlich Gegartes gegessen. Da besonders in den letzten hundert Jahren in zunehmendem Maße immer stärker denaturierte Speisen unsere Teller erobert haben und wir unsere Eßgewohnheiten von Kindesbeinen antrainiert bekommen haben, fällt es den meisten Menschen – speziell ohne Leidensdruck – sehr schwer, die geliebten Koch-, Brat- und Back-Gerichte der gutbürgerlichen Küche gegen Vollwertiges oder gar gegen Rohkost auszutauschen. Sie fühlen sich danach nicht im gleichen Maße befriedigt. Andere wieder werden mit zuviel Rohkost zu leicht, fühlen sich unsicher und wissen nicht, was sie mit der neu gewonnenen Energie anfangen sollen, die ihnen zuvor durch die Verdauung ihrer üppigen, falsch kombinierten Kochkost-Fleischmenüs verlorenging. Zudem stoßen sie meistens auf völliges Unverständnis ihrer Umgebung. Es ist deshalb angeraten, daß Sie den Anteil an Rohem in Ihrer Ernährung nur allmählich in dem Maße erhöhen, wie Sie es auch gesundheitlich, emotional und sozial verkraften.

2.3 Tierische oder pflanzliche Kost?

Es ist hier nicht genug Platz, um ausführlich auf sämtliche Nachteile von Fleisch-/Fisch- und alle Vorteile der vegetarischen Ernährung eingehen zu können. Nur einige Schlaglichter möchte ich werfen:

– Vegetarier sind gesünder

Es gibt eine Reihe von modernen, unter streng wissenschaftlichen Gesichtspunkten in Deutschland durchgeführten Vegetarierstudien, die eindeutig belegen, daß unter sonst gleichen Bedingungen Vegetarier gesünder sind als Fleischesser. Ihnen statistisch gleichgestellt sind Menschen, die noch kleine Mengen (etwa ein- bis zweimal wöchentlich) an Fleisch, Wurst und Fisch etc. zu sich nehmen.

– Fleisch enthält Gifte

Tierische Produkte enthalten von allen Nahrungsmitteln die höchsten Mengen an Fremdstoffen (Umweltgifte, Gifte aus Futtermitteln aus der konventionellen Landwirtschaft und aus dem Herstellungsprozeß, Medikamenten- und Masthilfsmittelreste u. ä.).

– Fleisch macht krank

Der menschliche Organismus ist für die Verdauung größerer Mengen von tierischen Produkten nicht ausreichend eingerichtet. Dadurch wird er übersäuert und krank (Gefäßkrankheiten, Herzkrankheiten, Gicht, Rheuma, Arthritis, Osteoporose, Mykosen, Allergien etc.). Wenn Sie z. B. Ihre Allergien und die Osteoporose loswerden wollen, dann hilft nur eins: Lassen Sie das tierische Eiweiß weg!

– Milch ist problematisch

Milch und Milchprodukte sind für viele Menschen schwer verdaulich und rufen deshalb eine Verschleimung des Körpers hervor. Das Kalzium in Milch und Milchprodukten kann Osteoporose nicht verhindern, geschweige denn heilen – im Gegenteil. Dies gilt in vollem Umfang vor allem für die völlig denaturierten Milchprodukte, wie sie heute bei uns zu kaufen sind. Osteoporose kommt in Ländern mit sehr geringem Milch- und Milchprodukte-Konsum so gut wie gar nicht vor, z. B. in China, wie die berühmte chinesische Ernährungsstudie gezeigt hat. Es gibt dort nach *Diamond* noch nicht einmal einen Ausdruck für diese Krankheit.

– Die Pflanzenwelt bietet alles

Die Angst, Sie würden mit rein vegetarischer Nahrung nicht richtig versorgt werden, ist unbegründet: es sind darin ausnahmslos sämtliche für eine gesunde Ernährung nötigen Stoffe in ausreichenden Mengen vorhanden. Dies gilt auch für den Proteinbedarf, besonders auch, wenn man bedenkt, daß der Mensch viel weniger Protein benötigt, als immer angegeben wird. Selbst Obst enthält Protein, und zwar durchschnittlich etwa soviel wie Muttermilch! Vegetarische Nahrungsmittel enthalten sämtliche Aminosäuren, aus denen Protein (= Eiweiß) aufgebaut ist, in ausreichenden Mengen. Es sind noch nicht einmal spezielle Kombinationen wie Kartoffeln und Ei, Bohnen und Mais, Linsen und Reis nötig, da der Körper die einzelnen Aminosäuren speichert, so daß sich das benötigte Spektrum aus zeitlich hintereinander liegenden Mahlzeiten addiert. Sie brauchen für die Speisenzubereitung keine Nährwert- oder Kalorientabellen und nicht zu rechnen! Kalzium findet sich in leicht verwertbarer Form in Obst und Gemüse und in Samen wie z. B. reichlich in Sesam. Eisen findet sich in ausreichenden Mengen in allen grünen Gemüsen. Vegetarier leiden nicht häufiger unter Vitamin-B_{12}-Mangel als Nichtvegetarier.

– Mangelerscheinungen durch schlechte Verwertung

Bei Mangelerscheinungen liegt es meist nicht daran, daß die Nahrung nicht genügend von den betreffenden Stoffen enthält, sondern daß der Körper nicht in der Lage ist, diesen Stoff in ausreichenden Mengen aufzunehmen oder daß dieser Stoff zur Reparatur von Schäden verwendet wurde. Zum Beispiel steht Kalzium dann den Knochen nicht zur Verfügung, wenn gleichzeitig viel tierisches Protein gegessen wird, weil das Kalzium die Harnsäure, die bei der Verdauung des Proteins frei wird, neutralisieren muß. Die Aufnahme von Kalzium aus der Nahrung und damit die Verhinderung bzw. Behandlung der Osteoporose wird durch Gewürze unterstützt, die das Verdauungsfeuer anfachen (siehe Kapitel 3.3)!

– Langsame Umstellung
Probleme beim Übergang zu einer rein vegetarischen Kost können daraus entstehen, daß manche Menschen, in deren Familie viele Generationen lang Fleisch in der Ernährung dominierte, die Fähigkeit verloren haben, aus der pflanzlichen Nahrung allein alle Nährstoffe aufzunehmen, die sie benötigen. Die Betroffenen müßten ihre Eßgewohnheiten langsam verändern, damit sie keine Mängel erleiden. Diese Umstellung müßte sich über viele Jahre (ausnahmsweise Jahrzehnte) hin erstrecken, bis eine rein vegetarische Ernährung sich weder physisch als unzureichend herausstellt noch emotional als Verlust oder Verzicht empfunden wird. Andere (viele) Menschen haben schon als Kind eine Abneigung, Fleisch zu essen, und tun dies nur, weil sie dazu gezwungen werden. Solche Menschen können sich in der Regel sehr rasch und konsequent umstellen. Erfreulicherweise ist der Verbrauch von Fleisch in den letzten Jahren unter dem Eindruck der Hormon- und Salmonellenskandale und der drastisch abnehmenden Qualität bereits um einige Prozent zurückgegangen. Obst- und Gemüseverbrauch haben in den letzten vierzig Jahren ständig zugenommen.

– Eine unglaubliche Verschwendung

Die Produktion von Fleisch ist eine Riesenverschwendung von Wasser, Energie und Futtermitteln (Getreide, Hülsenfrüchte etc., die unmittelbar der menschlichen Ernährung dienen könnten). Dies trifft besonders auf die tierquälerische Massentierhaltung zu. Aus 16 kg Getreide entsteht im Mittel nur 1 kg Fleisch! Noch nie in der Geschichte unserer Erde lebten und starben so viele Tiere für den Verzehr des Menschen. Aus einer Broschüre der Evangelischen Kirche Deutschlands (zitiert in der Reformrundschau vom Oktober 1992) geht hervor, daß allein in den alten Bundesländern der BRD jährlich rund 45 Millionen Schweine, Rinder, Kälber und Schafe sowie 303 Millionen Hühner, Enten, Gänse und Puten geschlachtet und verspeist werden.

Gravierende Weltprobleme

Wir sollten uns immer wieder vor Augen führen, daß mit der Ernährung der Menschen durch tierische Produkte ursächlich gravierende Weltprobleme – vor allem in den Industrieländern – zusammenhängen:

– Abholzung der tropischen Regenwälder,

– Wald- und andere Schäden durch Luft-, Boden- und Grundwasserverseuchung durch Gülle und Methangas,

– Bodenerosion durch Überweidung und rücksichtslose Anbaumethoden,

– Ausdehnung der landwirtschaftlichen Nutzfläche in ökologisch instabile Räume,

– Hungerkatastrophen in den Ländern der Dritten Welt,

– die unglaubliche Aggression, die sich ständig in Kriegen, Kriminalität etc. entlädt.

Vegetarische Ernährung als Schlüssel
Wir behaupten hier nicht, daß durch eine weitgehende Umstellung der Menschheit auf vegetarische Ernährung alle Probleme dieser Erde gelöst werden könnten. Die Voraussetzungen dafür könnten aber geschaffen werden, weil die Menschen im Zuge einer freiwilligen, ehrlichen Umstellung auf vegetarische Ernährung sich auch in anderen Bereichen grundlegend ändern würden (siehe unten). Mit vegetarischer Ernährungsweise und Obst- und intensivem Gartenbau könnten wir die derzeitige Erdbevölkerung auf 10 bis 20% der heutigen landwirtschaftlichen Nutzfläche der Erde bestens ernähren. Dabei wäre auch ein optimaler Schutz der Natur möglich.

Tiere sind keine Sachen
Es ist nicht einzusehen, warum das Tötungsverbot der Zehn Gebote nicht auch für Tiere gelten sollte. Tiere sind weder Sachen noch Maschinen – sie haben eine unsterbliche Seele! Im Laufe der Menschheitsgeschichte haben weise Männer und Frauen aller philosophischen und religiösen Richtungen immer wieder eindringlich für den Schutz des „Bruders Tier" und für eine vegetarische Ernährung plädiert. In jüngster Zeit hat vor allem auch *Drewermann* in seinen Vorträgen und in seinem Buch „Ich steige hinab in die Barke der Sonne" eindringlich darauf hingewiesen. Eine vegetarische Ernährung war nach Quellen der ersten nachchristlichen Jahrhunderte eindeutig integrierender Bestandteil der Lehre Jesu und der Urchristen und wurde erst im Zuge der Konstituierung der Amtskirche (zusammen mit der Lehre von der Reinkarnation)

abgeschafft, weil man die Großgrundbesitzer (also die Reichen!), die von der Tierhaltung am meisten profitierten, sowie all diejenigen Menschen nicht verprellen wollte, die keine Christen werden würden, wenn sie gleichzeitig Vegetarier werden müßten. Es gibt dafür zahlreiche, eindeutige Belege (vgl. *S. Rosen,* 1992). Der bekannte evangelische Theologe und Pastor *Ansgar Skriver* nennt das den „Verrat der Kirchen an den Tieren".

Umstellungshindernisse
Was hält die Menschen davon ab, den Fleischkonsum freiwillig einzuschränken oder ganz sein zu lassen?

– Die oben skizzierten Zusammenhänge sind nur wenigen bekannt.

– Eine intensive Werbung für tierische Nahrungsmittel hat ihre Spuren hinterlassen.

– Viele Menschen haben Angst davor, auf ein geliebtes Genußmittel zu verzichten und zum Außenseiter zu werden, weil sie sich gegen allgemein übliches Verhalten und abweichend von ihren eigenen bisherigen Gewohnheiten verhalten müßten. Dies verkraften viele nicht, weil sie mit ihrer Angst und Unsicherheit nicht umgehen können.

– Durch Verzicht auf Fleisch fällt das wohl wichtigste Stimulans für aggressives Verhalten weg, das unsere auf Erfolg und Existenzkampf programmierte Gesellschaft kennzeichnet.

– Verzicht auf das tierische Protein bedeutet somit letztlich eine Veränderung des gesamten Lebensstils, was sich noch verstärkt, je höher der Anteil an Rohkost ist. Nur wenige Menschen sind zu solch drastischen Veränderungen in ihrem Leben bereit, zumal derartige Veränderungen wirklich den ganzen Menschen erfassen, also auch seine Spiritualität, wie *Rudolf Steiner* ausdrücklich vermerkt hat. Sie müßten – um mit *Drewermann* zu sprechen – endlich anfangen, „im Geiste der Bergpredigt zu leben". Davor jedoch haben die meisten Menschen große Angst, betreten sie doch dann unbekanntes Terrain. In unserem Buch „Harmonische Ernährung" haben wir diese Zusammenhänge ausführlich dargestellt.

Fanatismus ist von Übel
Sie können jetzt nachvollziehen, wie wichtig ein Übergang zu einer fleischarmen bis fleischlosen Kost ist, daß aber Fanatismus für vegetarisches Essen oder gar für Rohkost völlig unangebracht ist. Jeder Mensch braucht eine Ernährung, die zu ihm und seinem Lebensstil paßt. Darauf werden wir in Kapitel 3 eingehen. Die Umstellung wird individuell sehr unterschiedlich verlaufen. Die Tatsache, daß dieses Buch nur vegetarische Rezepte enthält, soll Sie anregen, die Menge der tierischen Produkte so weit wie individuell sinnvoll zu reduzieren und mit vegetarischer und roher Nahrung zu experimentieren. Der Erfolg wird nicht ausbleiben.

2.4 Obst, Sprossen, Kräuter und Wildpflanzen: die Muntermacher

Entgiftung ist angesagt
Wir nehmen heute durch die verschmutzte Umwelt und über die Industrienahrung ständig soviel Gifte auf, daß wir mehr

denn je auf eine Entgiftung des Körpers achten müssen. Dies erreichen wir durch gutes Wasser und vor allem durch frisches, reifes, rohes Obst. Obst enthält reichlich sauberes Wasser und zahlreiche Vitamine, Mineralien, Spurenelemente und Enzyme, welche eine Entschlackung des Körpers anregen und ermöglichen. Darüber hinaus ist Obst das am leichtesten und schnellsten verdauliche Lebensmittel, so daß dem Körper Zeit und Energie zur Entgiftung bleibt. Nach einer Mahlzeit aus konzentrierten Nahrungsmitteln (z. B. Fleisch, Getreideprodukte) wird ein Großteil der gelieferten Energie für die Verdauung verbraucht, die so lange dauert, daß für eine Entgiftung meist nicht mehr genügend Zeit verbleibt.

Die reine Obstmahlzeit

Um die rasche und leichte Verdaulichkeit des Obstes voll auszunutzen, sollten Sie Obst immer für sich alleine und auf leeren Magen essen. Es kann den Magen dann nach 15 bis 20 Minuten (je nachdem, wie gut Sie gekaut haben) wieder verlassen, und seine Energie steht rasch zur Verfügung. Mischen Sie es aber mit anderen Speisen, oder essen Sie es als Nachtisch, dann muß das Obst so lange im Magen bleiben wie die anderen Nahrungsmittel. Das können viele Stunden sein, in denen der Zucker des Obstes in Gärung übergehen und Ihnen schaden kann. Wenn Sie auf leeren Magen kein Obst vertragen, sind Sie nicht gesund. Sie müßten dann mit einem Ernährungsberater oder einem Heilkundigen herausfinden, woran das liegt. Es sollte kein Tag vergehen, an dem Sie nicht mehrere Stück Obst gegessen haben. Sie können auch immer wieder Obsttage einschalten. Das wirkt besonders reinigend und vitalisierend. Auf Dauer hat sich aber eine – etwa aus Bequemlichkeit oder falschem Verständnis rührende – reine Obsternährung nicht bewährt, vor allem dann nicht, wenn man sich dabei an süßen Früchten überißt, wie das bei den meisten Rohköstlern fast zwangsläufig der Fall ist. Jede Einseitigkeit ist auf Dauer von Schaden!

Vitalität durch Sprossen

Sprossen gehören mit dem Obst zu den besten Lebensmitteln. Sie essen sie natürlich roh und bekommen damit die Fülle alles Guten: lebendes Protein, Enzyme, Vitamine, Mineralstoffe, Spurenelemente. Sprossen gehören zu jedem Salat. Streuen Sie stets ein bis drei Eßlöffel (pro Person) davon darüber. Im Rezeptteil finden sich auch zahl-reiche Anregungen, wie Sie Sprossen als Mus oder Püree zubereiten können. Reine Sprossenmahlzeiten (Sattessen allein durch Sprossen) sind nicht empfehlenswert – viele Menschen reagieren darauf mit Verdauungsproblemen.

Sie können Sprossen in Naturkostläden und Reformhäusern kaufen, aber auch leicht selbst ziehen. Es gibt eine ganze Reihe Bücher darüber. Hier eine kurze Anleitung: Weichen Sie die Samen (z. B. Dinkel, Linsen oder Mung-bohnen) über Nacht in reichlich handwarmem Wasser ein. Am Morgen gießen Sie das Wasser ab und spülen die Samen mehrmals mit frischem Wasser. Lassen Sie die Samen dann ohne Wasser stehen. Spülen Sie zwei- bis dreimal täglich. Am dritten Tag sind die Sprossen lang genug, daß Sie mit dem Essen beginnen können. Wenn sie einmal länger als mehrere Millimeter sind, sollten Sie sie im Kühlschrank aufbewahren, damit sie nicht so schnell weiterwachsen. Sie verlieren dann nämlich an Protein und Vitalstoffen. Als Gefäß können Sie einen Topf mit Deckel oder ein Weckglas mit Gaze-Verschluß verwenden. Die käuflichen Keimgeräte sind nicht unbedingt nötig. Besonders schnell (eine Nacht und einen Tag) läßt sich Quinoa (indianisches „Getreide", vgl. Rezept 7.8) ankeimen.

Gesund mit Kräutern

Wenn Sie einen Balkon oder einen Garten haben, sollten Sie möglichst viele Küchenkräuter ziehen. Diese Kräuter verbessern nicht nur den Geschmack Ihrer Speisen, sondern enthalten auch besonders viele der geschätzten Vitalstoffe. Verwenden Sie sie reichlich zu Ihren Salaten oder Gemüsegerichten. Noch reicher an Vitalstoffen und auch an Eiweiß sind Wildpflanzen wie zum Beispiel Spitzwegerich, Löwenzahn, Gänseblümchen, Sauerampfer, Kresse, Taubnessel, Brennessel, Huflattich und viele andere. Diese Pflanzen enthalten derart hohe Konzentrationen an Vitalstoffen, daß sie ausgesprochen heilend wirken und den Menschen fit und munter sowie widerstandsfähig gegen Krankheiten machen. Viele der Wildpflanzen haben eine Heilwirkung, die diejenige der entsprechenden künstlichen Medikamente bei weitem übertrifft. Wir kommen weiter unten und in den Rezepten auf diese zu sprechen. Machen Sie einmal eine Kräuterwanderung mit einem Fachmann. Dadurch werden Sie Ihre Scheu vor dem Kräutersammeln verlieren.

2.5 Richtige Lebensmittelkombinationen, Menüplanung

Obwohl der menschliche Organismus auch die abenteuerlichsten Mischungen irgendwie verdauen kann, so gibt es doch Lebensmittelkombinationen, die besonders leicht verdaulich sind und deshalb den Körper entlasten, reinigen helfen und munter machen. Zum Thema Obst haben Sie oben schon gelesen: Obwohl es am besten ist, Obst immer für sich alleine zu essen, können Sie es auch mit Blattsalaten, Stangensellerie und Gemüsefrüchten (Tomaten, Gurken, Paprika, Zucchini und Avocado) kombinieren.

Fehlkombinationen

Am belastendsten sind die (traditionellen) Fehlkombinationen aus konzentrierten Kohlehydraten (Stärke) und konzentrierten Proteinen (Eiweiß), also zum Beispiel:

– Fleisch oder Fisch mit Nudeln, Kartoffeln, Reis oder Knödeln,

– Brot mit Käse (diese Kombination ist akzeptabel, wenn der Käse über 60% Fett enthält),

– Pizzateig mit Salami und/oder Käse (erhitzter Käse ist generell schwer verdaulich).

Aus Platzmangel können wir hier nicht ausführlich auf die Gründe eingehen, die Sie in den Büchern von *Weise, Diamond, Summ, Hay* etc. ausführlich finden. Die Verdauung im Menschen funktioniert eben nur dann wirklich effektiv, mühelos und vollständig, wenn man möglichst wenig mischt – oder, wie Colonel Bradford in seiner Regel 5 schreibt, die Anzahl der verschiedenen Lebensmittel bei ein und derselben Mahlzeit auf ein Minimum reduziert. Es sollte dabei besser heißen: Lebensmittelgruppen, denn es ist z. B. kein Problem, einen gemischten Salat zu verdauen. Die üblichen Erklärungen sind außerdem nicht immer voll befriedigend. Was zählt, ist jedoch, daß diese Trennkost funktioniert. Das bestätigt jeder, der es ausprobiert hat, und auf die Wirksamkeit kommt es an.

Gute Kombinationen

– Käse mit Salat und Gemüse,

– Fisch mit Gemüse,

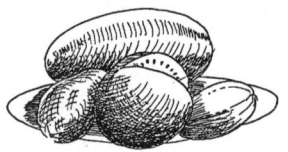

MELONEN

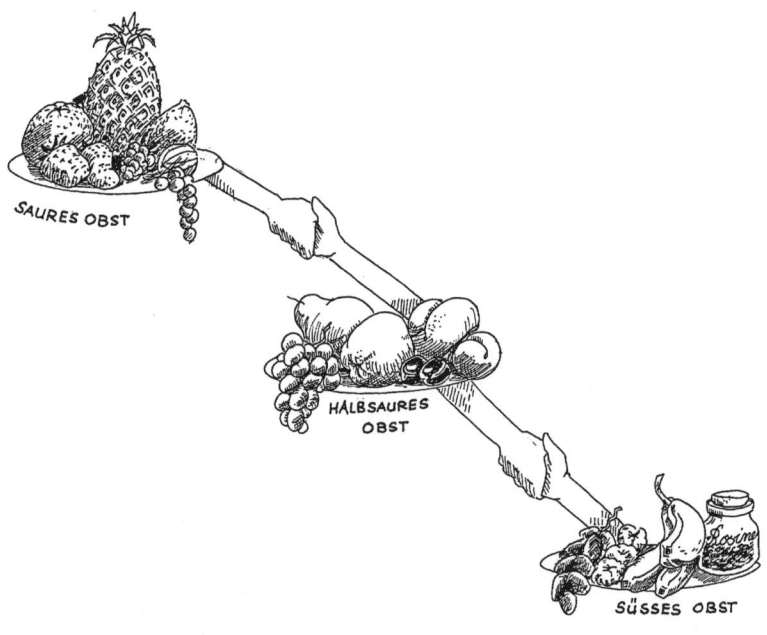

SAURES OBST

HALBSAURES
OBST

SÜSSES OBST

ZUCKER, HONIG &-ERSATZ, SÜSSES GEBÄCK, SCHOKOLADE
U. SÜSSIGKEITEN

So kombinieren Sie richtig!

Devanando O. Weise / Jenny Frederiksen

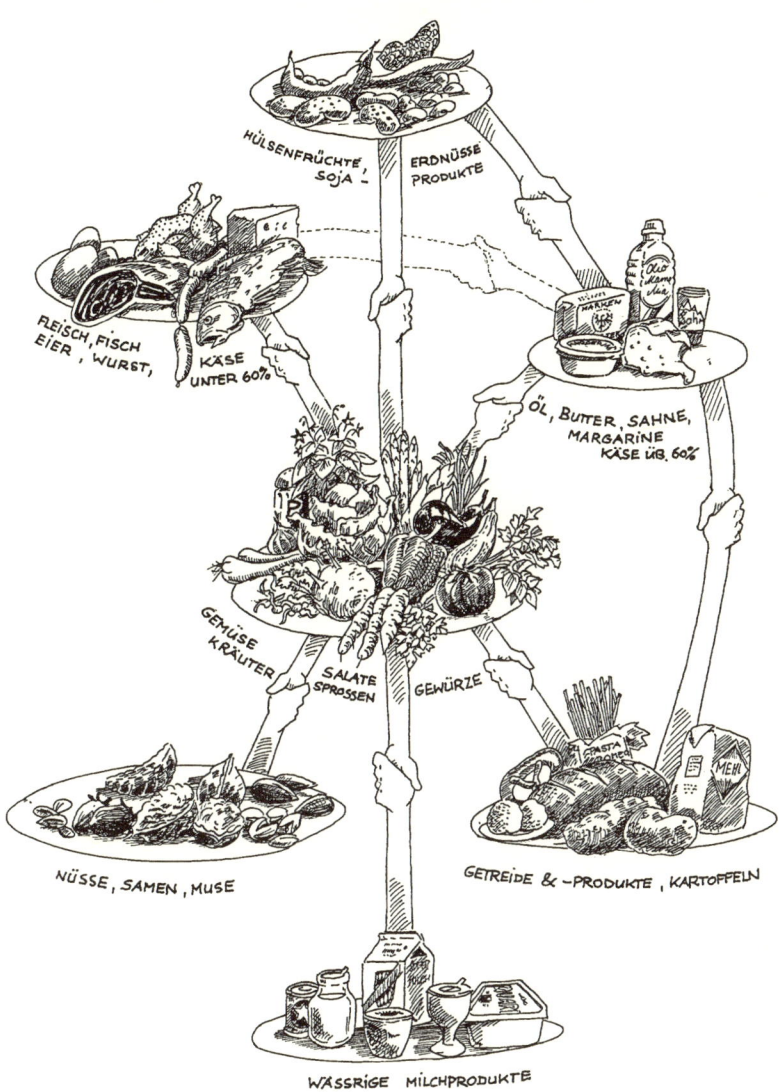

Wählen Sie Speisenzusammenstellungen, die nur jeweils zwei Lebensmittelgruppen enthalten, die direkt miteinander verbunden sind.

– Steak mit Salat,

– Omelett mit Gemüse und Salat.

Diese Kombinationen sind leichter verdaulich, Sie fühlen sich nach dem Essen nicht erschöpft und belastet und können munter weiterarbeiten. Bei der Verdauung kommt es nicht zu Gärung oder Fäulnis, schädliche Stoffe entstehen erst gar nicht. Die Nährstoffe werden leichter aufgenommen. Sie verbrauchen weniger Energie für die Verdauung, sie steht Ihnen für Entschlackung und Entgiftung und damit unter anderem für eine Gewichtsreduktion zur Verfügung.

Eine Übersicht über richtige Kombinationen erhalten Sie auf unserer Lebensmittelkombinations-Graphik. Meiden sollten Sie auch die Kombination von Saurem (also z. B. Tomatensauce) mit Kohlehydraten (also z. B. Nudeln), weil hierbei die Verdauung der Kohlehydrate (Stärke) behindert wird (vgl. Rezept 5.6).

Richtig kombinierte mehrgängige Menüs
Als erstes müßten Sie entscheiden, ob Sie ein proteinbetontes Menü oder ein kohlehydratbetontes Menü anbieten wollen. Wenn Ihre Gäste beispielsweise keine reinen Vegetarier sind, dann bietet sich der erste Menütyp an:

Proteinbetont
Vorspeise: Ananas-Papaya-Mango-Cocktail (diese Früchte unterstützen durch ihren Gehalt an speziellen Enzymen die Verdauung von Protein); danach etwa 15 Minuten Pause

Suppe: Rohe Tomatensuppe (Rezept 10.2)

Hauptgang: Ingwer-Kokos-Sauce mit Gemüse und Tempeh-chips (Rezept 8.7, 6.10)

Nachtisch: Avocadocreme (Rezept 11.5)

Kohlehydratbetont
Vorspeise: Fruchtsalat aus Birnen, Pfirsichen, Heidelbeeren und Himbeeren; danach 15 Minuten Pause

Suppe: Rohe Karottencremesuppe (Rezept 10.3)

Hauptgang: Grüne Bohnen mit Reis (Rezept 6.2)

Nachtisch: Hirsecreme mit Honig und frischem Ingwer (Rezept 13.8)

2.6 Garverfahren und Wärmequellen

Schädliche Garverfahren
Folgende Garverfahren sollten Sie meiden, da bei ihnen nicht nur viel verlorengeht, sondern besonders viele neue Verbindungen entstehen, die in den ursprünglichen unerhitzten Lebensmitteln nicht enthalten waren. Diese Verbindungen sind zumindest teilweise gesundheitsschädlich, sogar krebserzeugend.

Frittieren, langes Braten in heißem Fett, Grillen, langes Backen bei hohen Temperaturen (die schädlichen Stoffe sitzen in der Kruste – z. B. beim Brot!) und Matschig-Kochen. Vollständig hüten sollten Sie sich vor jeglicher Nahrung, die in irgendeinem Kontakt mit einem Mikrowellenherd gestanden hat. Die Mikrowellen sind äußerst lebensfeindlich, zerstören die Nahrung völlig und werden von ihr auf den Menschen übertragen. Es entstehen gravierende Langzeitschäden (vgl. diverse Aufsätze in der Zeitschrift raum & zeit).

Schonende Garverfahren

Dies sind das chinesische Pfannenrühren, Dünsten mit wenig Fett im eigenen Saft, Dämpfen über Wasserdampf und Ausquellenlassen von Getreide nach kurzem Aufkochen. Wir geben Ihnen zu diesen Prozessen in den Rezepten viele Beispiele. Wenn Sie Getreide kochen, dann genügt es, wenn dieses nur kurz aufkocht, dann vom Feuer genommen wird und, in Decken eingehüllt, von alleine ausquillt. Es gibt auch Kochtöpfe mit Thermostat, die bei niedrigen Temperaturen unter 100 Grad besonders schonend garen (Bezugsquelle am Ende des Buches in Kapitel 17).

Gemüse mit Biß

Bedenken Sie auch, daß es nicht notwendig ist, daß z. B. Gemüse immer völlig weich ist. Es ist viel gesünder und schmeckt nach einer Umgewöhnungsphase viel besser und das Gemüse noch Biß hat und die Nudeln „al dente" sind. Sollten Sie sehr schlechte Zähne haben, dann bieten sich Frucht- und Gemüsepürees an, die Sie im Champion-Entsafter oder in der Küchenmaschine herstellen können. Es ist weder nötig noch wünschenswert, alten Menschen, die schlecht beißen können, alles zu Brei zu zerkochen! Gerade alten Menschen mangelt es häufig an Vitalstoffen, die durch langes Erhitzen zerstört werden. Dampfdrucktöpfe empfehlen wir nicht, da in ihnen unnötig hohe Temperaturen erreicht werden und – besonders bei Gemüse – die Gefahr des Übergarens besteht.

Welche Wärmequellen sind vorteilhaft?

Diese Frage läßt sich am besten durch einen Blick in ein Ernährungslehrbuch der Anthroposophen beantworten, die diese Frage gründlich wissenschaftlich geklärt haben. An erster, schonendster Stelle steht das Kochen über Holz oder Holzkohle, es folgen Kohle und Gas, dann das Keramikkochfeld moderner Elektroherde und schließlich die Elektro-Herdplatte alter Bauart. Diese überträgt die Wechselstrom-Schwingung auf das Essen, was nicht zu gesundheitlichem Wert, Bekömmlichkeit und Geschmack beiträgt. Chinesische Köche wissen das: in Chinarestaurantküchen wird immer auf Gas gekocht; die Flammen aus Holz, Kohle oder Gas übertragen auf das Essen eine ruhige, sanfte Energie.

2.7 Küchenausstattung und Handgriffe

Welches Geschirr eignet sich am besten zum Garen?

Auch hier geben die Anthroposophen begründete Antworten. Die Reihenfolge von sehr gut über gut nach ungeeignet lautet:

Goldene Gefäße sind am besten (es lebe der Luxus!). Dann folgen Glas (z. B. feuerfestes Jenaer Glas) und emaillierte Töpfe, dann Stahl. Weit abgeschlagen und im Grunde ungeeignet rangiert Aluminium. Dies sollten Sie auf jeden Fall meiden.

Das Gemüsemesser

Zum Zerkleinern von Gemüse sollten Sie sich am besten ein japanisches Gemüsemesser kaufen, wie Sie es in Naturkostläden oder aber beim einschlägigen Fachhandel (zumindest auf Bestellung auch von deutschen Herstellern) erhalten. Es sind große Messer mit rechteckigen, sehr scharfen Klingen, am besten aus rostfreiem Chrom-Vanadium-Stahl. Sie verwenden ein solches Messer mit der Methode der Profis und führen das Messer an den Fingerknöcheln, wie dies auf der Abbildung (S. 50) erklärt wird. Der Schnitt sollte weich fließend und natürlich sein. Dabei ist häufiges Hinundherbewegen, Sägen und Quetschen zu vermeiden – deshalb muß das Messer wirklich scharf sein.

Nach einiger Übung vervielfachen sich dadurch Arbeitstempo und Sicherheit, und das Ergebnis kann sich wahrlich sehen lassen. Das Messer muß jedoch immer mal wieder nachgeschärft werden. Am besten besorgen Sie sich einen zum Messer passenden flachen Schleifstein und lassen sich im Fachgeschäft zeigen, wie man damit umgeht. Bewahren Sie Ihr Messer getrennt von den anderen Küchenutensilien in der Originalverpackung oder in einem eigenen Kasten/Karton oder einem Messerblock aus Holz auf, damit die Klinge nicht schartig wird und damit sich niemand aus Versehen schneidet, wenn er in der Schublade kramt.

Für Gemüsegerichte schneiden Sie das Gemüse nach Ihren Vorstellungen. Es ist jedoch zweckmäßig, daß die Größe der Stücke so bemessen ist, daß sie zur selben Zeit gar sind. Dies läßt sich natürlich auch dadurch regeln, daß man härteren Gemüsen beim Garen einen Vorsprung gibt. Beispiele für das Schneiden von Gemüse ergeben sich aus den Abbildungen. Für viele Gerichte erscheint es sinnvoll, die Stücke so zu bemessen, daß man sie mit Stäbchen gut essen könnte. Für Gemüseplatten, bei denen die Saucen extra gereicht werden, macht es sich gut, wenn die Gemüse im Ganzen gegart werden.

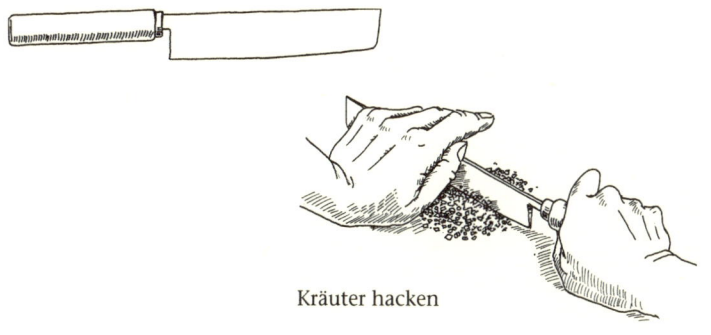

Kräuter hacken

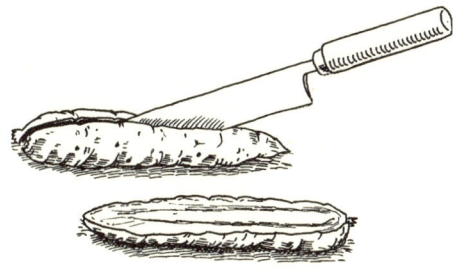

Karotten schneiden; die Viertel werden nach jedem Schnitt
ein wenig gedreht

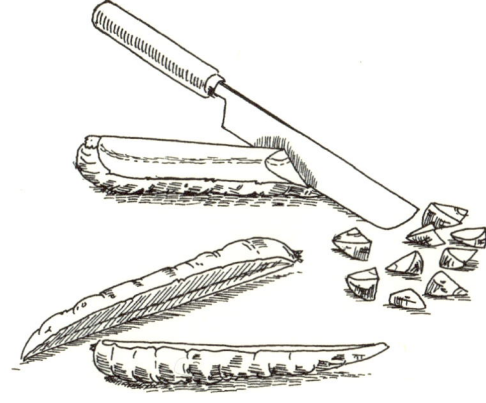

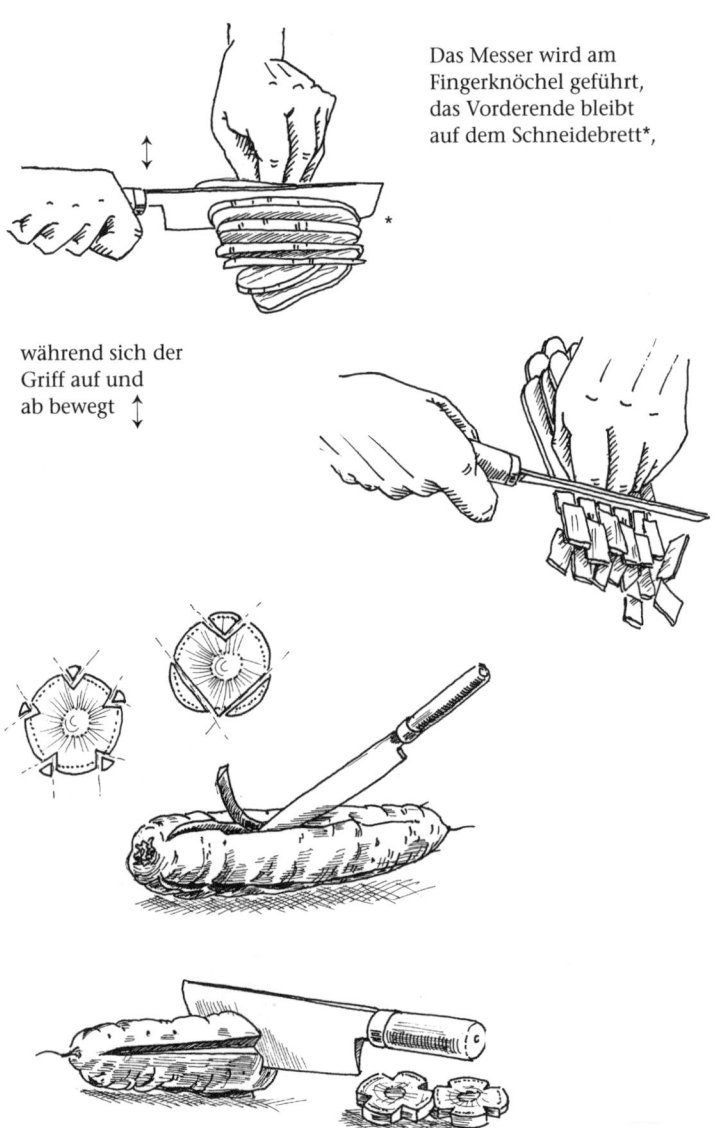

Das Messer wird am
Fingerknöchel geführt,
das Vorderende bleibt
auf dem Schneidebrett*,

während sich der
Griff auf und
ab bewegt ↕

Das Schneiden von Karottenherzen und -sternen

Devanando O. Weise / Jenny Frederiksen

Der chinesische Wok

Wer viel vegetarisch kocht, hat rasch Freude an einem chinesischen Wok, denn man kann in ihm Gemüsegerichte schnell und einfach garen. Achten Sie beim Kauf darauf, daß er zu Ihrem Ofen paßt. Ein Wok für Gas paßt nicht auf einen Elektroherd! Einen Deckel sollte er haben, und Holzspatel zum Wenden sollten Sie gleich dazukaufen.

Der Mörser

Sehr sinnvoll ist es auch, wenn Sie sich einen ordentlichen Mörser kaufen. In Thai-Geschäften gibt es schwere, große Mörser aus Urgestein mit einem großen, dicken Stampfer (Pistill) aus dem gleichen Material. Diese Mörser sind so groß und schwer, daß Sie darin optimal Gewürze zerkleinern können. Auch zur Bereitung einer Currypaste aus frischen Zutaten, einer Pestosauce nach italienischem Originalrezept oder einer kleinen Menge an Nußmus eignen sich diese großen Mörser trefflich. Die kleinen Porzellanmörser sind meist nicht zu allzuviel nutze, weil man einerseits den Mörser halten muß und andererseits mit dem kleinen Pistill nur schwer Körner wie z. B. Koriander zerkleinern kann. Für trockene Gewürze eignet sich auch eine Kaffeemühle – wenn Sie größere Mengen davon mahlen wollen. Es empfiehlt sich, Gewürze immer ganz zu kaufen und erst zu mahlen, wenn Sie sie benötigen. So bleibt das delikate Aroma besser erhalten.

Die Gemüsereibe
Zum Bereiten von Rohkost empfiehlt sich eine gute Reibe. Für größere Mengen nehmen Sie eine handbetriebene Mühle, etwa eine des Fabrikats Mina. Diese Handgeräte mit verschiedenen Scheiben für Grob und Fein haben sich seit Jahrzehnten bewährt. Eine elektrische Küchenmaschine, die mit verschiedenen Zusätzen Gemüse zerkleinert, würde ich nur dann verwenden, wenn ich sehr viele Personen zu verköstigen hätte.

Die Gemüsebürste
Es empfielt sich, Obst und Gemüse vor dem Verzehr in jedem Fall gründlich zu säubern. In Naturkostläden finden Sie dazu die japanischen Gemüsebürsten, die sich vor allem für Wurzelgemüse und Kartoffeln etc. eignen.

Der Entsafter
Zum Entsaften und Pürieren empfehlen wir Ihnen den Champion-Entsafter aus den USA. Er ist der einzige elektrische Entsafter auf dem deutschen, österreichischen und schweizer Markt, der den Saft wirklich herauspreßt und nicht zentrifugiert. All die anderen erhältlichen Saftzentrifugen erfüllen ihren Zweck nicht: Sie liefern nicht die gesunden, vitalstoffreichen Säfte, von denen Sie träumen. Versuche des bekannten und erfolgreichen Krebsarztes *Max Gerson* haben gezeigt, daß die Heilkraft der Säfte durch das Zentrifugieren zerstört wird. An den Rändern der Zentrifuge entstehen ein negatives Ener-

giepotential und enorme Fliehkräfte, welche die kompliziert gebauten, empfindlichen Makromoleküle der Vitalstoffe deformieren und dadurch unwirksam machen. Der Champion-Entsafter eignet sich auch vorzüglich zum schonenden Pürieren von Obst, Gemüse, Nüssen, Keimen etc. (Bezugsquelle am Ende des Buches).

3 Gesundes Essen individuell gestaltet – harmonisierende Speisen

3.1 Die drei Menschentypen nach Ayurveda

Ayurveda ist die indische Lehre vom Leben. Sie findet sich in den über 5000 Jahre alten Schriften der Veden und hat Indien und den Himalaya-Raum (einschließlich Tibet) geprägt und weit darüber hinaus das Leben der Menschen beeinflußt. Es gibt eine ayurvedische Medizin und eine Ernährungslehre. Beide gehen davon aus, daß die Menschen unterschiedlich veranlagt sind und dementsprechend unterschiedliche Medizin und Ernährung benötigen. Dies steht einigermaßen im Gegensatz zur westlichen Medizin und vielen westlichen Ernährungsschulen, die in der Regel dahin tendieren, für alle Menschen das gleiche zu verordnen bzw. zu empfehlen.

Fünf Grundenergien
Ayurveda unterscheidet fünf Grundenergien, aus denen sich das Energiemuster der Menschen zusammensetzt. Es sind dies:

Äther (Raum), Luft, Erde, Wasser und Feuer.

Jeder Mensch ist ein einmaliges Wesen, dessen Eigenschaften sich aus unterschiedlichen Anteilen an diesen fünf Energien ergeben. Man unterscheidet drei Grundtypen:

– Vata: wenn Luft und Äther dominieren

Dies sind die leichten, luftigen Typen mit einem schnellen, wachen Geist, Flexibilität und Kreativität und einer wechselhaften, eher schwachen Verdauung. Die Hauptkennzeichen dieses Typs sind: trocken, beweglich, leicht, kalt, rauh, subtil, klar und zerstreuend. Lebensstil und Nahrung sollte diesen Eigenschaften entgegenwirken und sie harmonisieren. Sie brauchen Ruhe und Wärme – sie müssen deshalb neben Rohkost immer auch ausreichend warme Gerichte zu sich nehmen. Zuviel Obst macht sie zu leicht und kühlt sie im Winter zu sehr. Gewürze, z. B. frischer Ingwer, regen ihr Verdauungssystem an. Die Speisen sollten genügend Feuchtigkeit und Öl enthalten (am besten Sesamöl). Mit Hülsenfrüchten und Trockenobst und rohem Kohl sollten sie sich zurückhalten (die führen häufig zu Blähungen = Luft!). Sie brauchen ein geordnetes Zuhause und eine beruhigende, sichere Umgebung.

– Pitta: wenn Feuer dominiert

Dies sind die Menschen mit feurigem, impulsivem, aggressivem, willensbetontem Gemüt und guter Verdauung. Für sie ist es wichtig, daß sie kreativ sind und sich ausdrücken, sich an der richtigen Stelle verwirklichen. Sonst wird die feurige Energie nicht genutzt und richtet sich gegen den Körper und macht krank. Leider haben manche feurige Typen Angst vor ihrer eigenen Energie und halten sie deshalb zurück. Die Hauptkennzeichen dieses Typs sind: fettig/ölig, heiß, hell, beweglich und flüssig. Wenn Sie diese Eigenschaften etwa durch eine scharfe, öltriefende, heiße Speise an einem heißen, sonnigen Tag noch verstärken, dann kann es leicht zu unkontrollierten, heftigen Gefühlsausbrüchen kommen: Der Pitta-Typ ist dann aus der Balance. Für ihn sind Obst und Rohkost der wichtigste Bestandteil der Nahrung, denn diese kühlen und beruhigen. Tierische Produkte, fette Speisen, Gewürze und warme Speisen stimulieren und sollten deshalb stark eingeschränkt werden.

– Kapha: wenn Wasser und Erde dominieren

Dies sind die schweren, hartnäckigen, zum Teil phlegmatischen, konservativen, aber auch vitalen Menschen mit langsamer Verdauung. Sie weisen Stärke, Durchhaltevermögen und Standfestigkeit auf (besonders, wenn das Element Erde vorherrscht). Sie lieben Ordnung, Regeln und Routine, die sie nicht so ernst nehmen und auflockern sollten. Die Hauptkennzeichen sind fettig/ölig, kalt, weich, geschmeidig, dicht, schwer, schleimig, statisch und langsam. Wie Sie sehen, sind hier erdige und wäßrige Eigenschaften vereinigt. Für Kapha-Menschen ist körperliche Bewegung ganz besonders wichtig, vor allem dann, wenn das Wasserelement überwiegt und das Gewebe dementsprechend locker und unförmig ist. Bewegung regt den Körper an, mehr Kalium und Natrium und andere Mineralien aufzunehmen, die zu einem festeren Gewebe führen. Auch können diese Menschen nicht allein durch eine Diät abnehmen. Reichlich Bewegung muß diese begleiten. Leider hassen viele von ihnen Bewegung wie die Pest (vor allem die eher wasserbetonten Menschen).

Kalte und fettige/ölige Speisen und solche mit leeren Kohlehydraten (Weißmehlprodukte, Zucker) sowie Milch und Milchprodukte sollten sie strikt meiden. Obst, Rohkost, Kräuter und Gewürze sind für sie sehr wichtig, sollten aber durch warme, leichte und trockene Speisen ergänzt werden, da diese auf Kapha harmonisierend wirken. Die wasserbetonten Typen sollten nur wenig trinken und tagsüber und nach dem Essen nicht schlafen, da sie sonst noch umfangreicher und phlegmatischer werden.

Mischtypen sind häufig

Die meisten Menschen sind keine reinen Typen, zeigen jedoch eine Dominanz bezüglich eines Typs. Das Grundprinzip der ayurvedischen Ernährung ist es, Lebensstil und Ernährung so zu gestalten, daß Unbalancen zwischen den drei Typen ausgeglichen, harmonisiert werden. Wenn Sie tiefer eintauchen wollen, empfehlen wir das Buch von *Morningstar & Desai*: „Die Ayurveda Küche". Dieses Buch enthält auch eine Checkliste, die Ihnen helfen soll, Ihren eigenen Typ zu bestimmen. Erfahrungsgemäß ist dies jedoch für die meisten Menschen ohne Hilfe nicht möglich.

Wer bin ich?

Wenn Sie sich ausführlich mit der menschlichen (biochemisch bedingten) Konstitution im allgemeinen und mit Ihrer eigenen befassen wollen, was wir sehr anraten, dann ist das Buch „Jeder ist einmalig" von *C. Wagner* unerläßlich. Auch die Beratung durch eine(n) Ernährungsberater(in) kann hilfreich sein, wenn diese(r) auf derart individuelle Beratung eingestellt ist, was nach der derzeitig vorherrschenden Ausbildung leider nur selten der Fall ist. Manche Astrologen können aufgrund Ihres Geburtshoroskops sehr gezielt gesundheitlichen und ernährungsmäßigen Rat geben (vgl. die Bücher „Astrologie und Heilkunst" von *A. T. Mann* und „Astrologie und Psychosomatik" von *H. Meyer*). Bei allen berechtigten Wünschen nach Hilfe von außen bedenken Sie aber, daß Sie sich am meisten nutzen, wenn Sie selbst entscheiden lernen. Ihr Gefühl, Ihr Verstand und vor allem Ihre Intuition sind die besten Maßstäbe.

3.2 Die Geschmacksrichtungen

Ayurveda unterscheidet sechs verschiedene Geschmacksrichtungen: süß, sauer, scharf (würzend), bitter, salzig und zusammenziehend (adstringierend). Diese wirken auf die oben genannten Menschentypen in unterschiedlicher Weise. Bitter, zusammenziehend und scharf verstärkt Vata, scharf, salzig und sauer verstärkt Pitta, und süß, salzig und sauer verstärkt Kapha. Die jeweils anderen drei Geschmacksrichtungen wirken abschwächend.

Der süße Geschmack
Süße Speisen sind schwer, wäßrig und erdig. Sie sind aufbauend, führen also zu Gewichtszunahme und begünstigen (außer Obst und Gemüse) die Schleimbildung und schließlich Verstopfung und Erkältungen. Auf die Trockenheit von Vata wirken sie ausgleichend, die Feuchte und Schwere von Kapha verstärken sie, Pitta kann sie am besten von allen vertragen.

Zu den süßen Lebensmitteln gehören alle, die wir in größeren Mengen essen, auch wenn sie Ihnen auf den ersten Biß nicht süß vorkommen, weil wir viele von ihnen fast nur gewürzt zu uns nehmen. Denken Sie also an die ungewürzten Produkte:

Alle konzentrierten Nahrungsmittel: Getreide und Getreideprodukte wie Brot, Gebäck, Nudeln etc., Milch und Milchprodukte, Hülsenfrüchte, Nüsse und Samen, Fleisch und Fisch, Fett und Öl, Zucker, Sirup, Honig etc. Ebenfalls dazu gehören die nicht konzentrierten Lebensmittel: Obst, Salate und Gemüse, die jedoch nicht die nachteiligen schweren und verschleimenden Eigenschaften aufweisen.

Der saure Geschmack

Die saure Geschmacksrichtung ist erdig und feurig und wirkt dementsprechend ausgleichend auf Vata. Sie wirkt appetit- und verdauungsanregend und hat insgesamt eine leicht wärmende Wirkung auf den ganzen Körper. Beispiele für saure Nahrungsmittel sind milch- oder essigsauer eingelegtes Gemüse oder Obst (z. B. Ume-su) und saures Obst. Hier gilt allerdings besonders die Mahnung, nichts zu übertreiben. Pitta verträgt diese Säure nicht besonders, und bei Kapha-Menschen verstärkt sie die Tendenz zur Gewichtszunahme.

Der salzige Geschmack

Die salzige Geschmacksrichtung ist feurig und wäßrig. Salz regt (in kleinen Mengen) die Verdauung und den Kreislauf an. Zuviel Salz führt bekanntlich zu Bluthochdruck und anderen Beschwerden. Salz hält Wasser im Körper. Salzig gleicht Vata aus, verstärkt aber Pitta und Kapha. Beispiele für salzige Nahrungsmittel sind gesalzene Erdnüsse, Chips, Salzfisch, Gepökeltes, Algen, das meiste Fast- und Junkfood, Dosenmenüs, „Würzmittel" (vgl. Kapitel 2.1) und andere Produkte der Nahrungsmittelindustrie. Der hohe Gehalt an Salz in den Industrieprodukten ist oft sehr gut versteckt und fällt deshalb nicht sofort auf.

Kochsalz aus anorganischen Quellen (Bergwerk, Salinen etc.) kann vom Menschen nur in kleinsten Mengen (unter 1 g täglich) so verdaut werden, daß es auch in den Zellverband aufgenommen wird. Alles übrige muß wieder ausgeschieden werden, was die betreffenden Organe belastet. Es ist notwendig, den Bedarf an Mineralien über Gemüse und Früchte zu decken, in denen diese im Gesamtzusammenhang mit Vitalstoffen und der Information der lebenden Zellen, also in organischer Umgebung, vorkommen. Mineralien aus Wasser können entsprechend (wie Kochsalz) nicht richtig verwertet werden. Unsere Zellen versorgen sich nicht durch Mineralien aus dem Trinkwasser!

Der scharfe Geschmack

Scharf (würzig bis brennend) ist eine luftige, feurige, heiße Geschmacksrichtung, die das Verdauungsfeuer kräftig anregt und deshalb für Kapha- und auch für Vata-Menschen (in kleineren Mengen) hilfreich ist. Außerdem wirkt der scharfe Geschmack wärmend und reinigend. Zu den scharfen Lebensmitteln gehören Pfeffer, Chili, Knoblauch, Ingwer, Zwiebeln und andere scharfe Gewürze. Ein Zuviel an Schärfe kann zu Reizungen der Magenschleimhaut und zu Ärger, Aggressivität und Voreingenommenheit führen.

Der bittere Geschmack

Die bittere Geschmacksrichtung ist die kälteste und leichteste. Sie ist mit den Elementen Luft und Äther verbunden und wirkt deshalb verstärkend auf Vata und ausgleichend auf Pitta und Kapha. Bittere Lebensmittel öffnen und klären, unterstützen den Verstand und haben häufig antibiotische Eigenschaften. Sie unterstützen eine Gewichtsreduktion und neutralisieren die anderen Geschmacksrichtungen. Beispiele für bittere Lebensmittel sind: Radicchio, Chicorée, Endivien, Löwenzahn, viele Wildkräuter (z. B. Artemisia, Beifuß, Wermut, Sagebrush, besonders bekannt als Schwedenbitter, Fernet Branca etc.). Bei gelbem Zungenbelag und schlechtem Mundgeruch hat sich besonders bei Pitta-Menschen ein bitterer Verdauungsschnaps vor dem Essen sehr bewährt (es genügen 10 bis 20 Tropfen!). Lebensmittel der bitteren Geschmacksrichtung helfen auch gegen Lust nach Zucker (z. B. bei hyperaktiven und zuckersüchtigen Kindern!) und regulieren Leber und

Pankreas (die Bauchspeicheldrüse). Für luftige Vata-Typen ist der scharfe Geschmack zur Anregung der Verdauung vorzuziehen.

Der adstringierende Geschmack
Die adstringierende Geschmacksrichtung ist luftig und erdig und kann als zusammenziehend und leicht metallisch charakterisiert werden. Sie verstärkt Vata und reduziert Pitta und Kapha. Sie trocknet aus und ist deshalb gut gegen Durchfall. Generell verringert sie das Verdauungsfeuer. Beispiele für die adstringierende Geschmacksrichtung sind: Granatäpfel, Preiselbeeren, Holzäpfel, Quitten, Schlehen (alle gleichzeitig mit einer sauren Komponente), aber vor allem Kräuter, die z. B. Gerbsäure und Tannin enthalten (z. B. Enzian, Himbeerblätter, Wiesenknöterich, Schafgarbe, Brennessel, Gelbwurz, Königskerze und Hirtentäschel).

Wildkräuterwanderung

3.3 Die Wirkung von Kräutern und Gewürzen in der Ernährung des Menschen

Vitalstoffe und Anregung

Kräuter und Gewürze sind für die Versorgung des Menschen mit Vitalstoffen, Mineralien und Spurenelementen (vgl. Kapitel 2.4), vor allem aber für die Regulierung des Verdauungsfeuers wichtig. Die meisten Gesundheitsprobleme rühren von einer ungenügenden oder zu langsamen Verdauung her. Die Speisen geraten dabei in Gärung oder Fäulnis, und die entstehenden Giftstoffe (Toxine) gelangen vom Darm ins Gewebe und vergiften so den Organismus. Je nach Konstitution, Gefühlsleben und persönlichen Schwachstellen kommt es zu unterschiedlichen Krankheiten. Ziel einer gesunden Ernährung in diesem Rahmen des richtigen Würzens ist es, die Verdauung so leicht und gründlich wie möglich zu gestalten. Ein hoher Cholesterinspiegel ist z. B. die Folge von zu schwacher Verdauung!

Heil- und Unterstützungsmittel

Viele der in der Küche verwendeten Kräuter und Gewürze erhöhen das „Verdauungsfeuer" und tragen so zur Verbrennung und Ausscheidung von Toxinen aus der Nahrung bei. Sie wärmen den Magen und das Blut, vermehren den Appetit und regen die Sinne an. Sie sind oft auch von antibakterieller oder antiparasitärer Wirkung und steigern die körpereigene Abwehr. Sie sind zwar keine Aufbaumittel im eigentlichen Sinne, aber sie gewährleisten die Aufnahme der Nährstoffe durch die Darmwand in den Blutkreislauf, wodurch der Körper aufgebaut wird. Viele dieser Mittel wirken gegen Blähungen und unterstützen die Peristaltik (die Bewegung des Darmes). Sie helfen, Schleim und Schlacken aus Magen, Darm, Lunge und den Luftwegen zu entfernen. Sie regen in der Regel auch den Kreislauf an und tragen so zur Blutreinigung bei.

Nahrung als Medizin
Manche Vertreter der Rohkostszene lehnen Kräuter und Gewürze und ihre Wirkung als Symptommedizin ab. Sie vergessen dabei, daß alle Lebensmittel ihre spezifischen Wirkungen auf den Organismus haben und Symptome beseitigen können. Schon *Paracelsus* hat zu Recht gesagt, daß unsere Nahrung unsere Medizin sein sollte. Im Rahmen dieses Buches nennen wir Ihnen nicht nur die medizinische Wirkung einiger Kräuter und Gewürze, sondern auch diejenige von anderen Lebensmitteln. Es ist kein Unterschied, ob man eine Krankheit z. B. mit dem reichlichen Genuß einer Gemüsesorte wie Weißkraut oder durch ein Gewürz wie Ingwer behandelt. An die eigentlichen, tiefsten Ursachen der Krankheiten kommt man leider auch über Ernährung nicht wirklich heran. Denn diese Ursachen liegen im gefühlsmäßigen und seelischen Bereich. Freilich muß man sich vor der Annahme hüten, man könnte durch Kräuter und Gewürze auf Dauer alle Fehler in der Auswahl der Lebensmittel und der Zusammenstellung der Speisen ausgleichen.

Verdauungsanreger
Menschen mit einer feurigen Veranlagung (Pitta) haben in der Regel genügend Verdauungsfeuer. Sie brauchen keine oder höchstens eine milde Anregung. Menschen des Luft-(Vata-) und des Erd-Wasser-(Kapha-)Typs können eine Anregung gut gebrauchen.

Am stärksten wird die Verdauung durch Cayennepfeffer (Chili), Pfefferkörner und Ingwerpulver angeregt. Hüten Sie sich aber davor, zuviel davon zu nehmen. Wenn es im Mund nur noch brennt, hört der Spaß auf! Denken Sie immer daran, daß Sie alles, was Sie essen, auch verarbeiten und wieder ausscheiden müssen. Mildere Verdauungsanreger sind: frische Ingwerwurzel, Zimt, Nelken, Kardamom, Basilikum, Gelbwurz, Sellerie, Asafoetida (Stinkasant), Knoblauch, Meerrettich, Senf und Zwiebel. Diese Gewürze und Kräuter sind zugleich erhitzend, also für Vata und Kapha geeignet.

Folgende Gewürze wirken ebenfalls mild verdauungsfördernd (besonders gegen Blähungen), sind aber nicht erhitzend: Koriander, Kreuzkümmel, Fenchel, Dill, Pfefferminz u. a.

Ingwer
Ganz besonders möchte ich Sie auf die frische Ingwerwurzel (Zingiber officinalis) hinweisen, die man heutzutage bei uns an jedem besseren Gemüsestand erhält. Der frische Ingwer ist ein ausgezeichnetes Mittel, er wird auch als „universelle Arznei" bezeichnet. Er regt nicht nur die Verdauung an, er hilft auch gegen Reisekrankheit und Erkältungen. Sie können ihn in feine Streifchen geschnitten sowohl in warmen Gerichten mitkochen als auch am Ende der Garzeit gerieben über das Essen streuen und in Salatsaucen oder in Scheiben auf Butter-

Ingwer

brot verwenden. Fein geschnitten oder gerieben ergibt er in heißem Wasser ein anregendes, wärmendes Getränk, das sich zu Entschlackungszwecken früh morgens für alle jene anbietet, die besonders im Winter zuerst einmal etwas Warmes brauchen. Als Hilfe gegen Reisekrankheit geben Sie einen Teelöffel von geriebenem oder fein geschnittenem Ingwer auf ein Glas warmes Wasser und trinken dies mit dem Ingwer. In Suppen wirkt er auch ohne Zusatz von anderen schärfenden Gewürzen scharf – also Vorsicht.

Der dänische Wissenschaftler *K. C. Srivastava* von der Universität Odense bezeichnet Ingwer als ein ausgezeichnetes Mittel, um die Blutgerinnung zu hemmen. Ingwer verdünnt also das Blut, verhindert so Gerinnselbildung und beugt damit Herzinfarkt vor. In dieser Eigenschaft übertrifft Ingwer sogar noch Knoblauch und Zwiebeln. Ingwer senkt wie Knoblauch und Zwiebeln den Cholesterinspiegel im Blut (*Carper*, S. 117 ff.).

Gelbwurz
Zur selben Familie wie der Ingwer gehört auch die Gelbwurz (Turmerik, Kurkuma, Haldi). Sie ist für alle Konstitutionen als mildes Verdauungsanregungsmittel geeignet. Sie verbessert gleichzeitig die Darmflora und unterstützt die Leber. Sie

Gelbwurz

behebt sowohl Über- wie Unterfunktionen und unterstützt die Eiweißverdauung. Sie ist Bestandteil eines jeden Currypulvers und gibt ihm die charakteristische gelbe Farbe. Sie erhalten Kurkuma in der Regel als gelbes Pulver und nur in Spezialgeschäften ab und zu als frische Wurzel. Letztere macht sich gut in Saucen und Suppen.

Galgant

In dieselbe Familie gehört auch der Galgant, den die hl. Elisabeth in ihren Büchern als scharfes Würzmittel lobt. Galgant (auch Thai-Ingwer oder Laos) hat weißliche Wurzelstöcke mit rosa Spitzen. Er schmeckt streng medizinisch und gibt Thai-Saucen und -Suppen im Verein mit Ingwer und Zitronengras und Zitronenblättern den charakteristischen, aromatischen Geschmack. Galgant wirkt anregend, erhitzend und schweißtreibend und hilft gegen Rheuma, Arthritis und Gelenkschmerzen und harmonisiert die Verdauung. Frischen Galgant erhalten Sie ebenso wie Gelbwurz und die anderen genannten Würzzutaten in Thai- und anderen Südostasien-Geschäften.

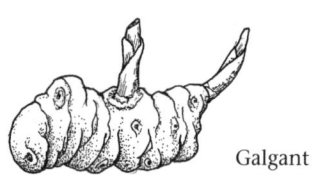

Galgant

Kardamom

Ein weiterer Vertreter der Familie der Zingiberaceae ist der Kardamom. Von ihm wird jedoch nicht der Wurzelstock, sondern der Samen verwendet. Er ist eines der besten und verträglichsten verdauungsfördernden Mittel. Er regt die Milz

Kardamomkapseln

an und entfacht das Verdauungsfeuer. Der Milch zugesetzt, verringert Kardamom deren schleimbildende Wirkung. Er soll auch das Koffein im Kaffee entgiften, weshalb man beim Kaffeekochen pro Tasse etwa eine halbe gequetschte Kapsel zusetzen sollte, was auch geschmacklich interessant ist. Als verdauungsförderndes Mittel wird Kardamom am besten zusammen mit Fenchel eingesetzt. Gemeinsam mit Fenchel und Zimt findet man ihn als charakteristische Gewürzmischung in der Küche Kaschmirs.

Asant

Asafoetida (Stinkasant) ist das Harz (die Absonderung) der Wurzel einer tropischen Pflanze. Es ist ein starkes verdauungsförderndes, blähungsverhinderndes Mittel. Es reinigt den Darm von alten Kotresten, beseitigt Parasiten und stabilisiert die Darmflora. Es lindert Krämpfe und Schmerzen und beruhigt übermäßiges Vata. Asafoetida wirkt ähnlich wie Knoblauch, aber kräftiger. Linsen- und Bohnengerichte werden durch Asafoetida wesentlich leichter verdaulich. Man verwendet es zusammen mit Ingwer und Kardamom oder auch mit Cumin und Koriander. Knoblauch und Asafoetida haben erdende Eigenschaften, wirken jedoch ein wenig abstumpfend, weshalb sie von Yogis nicht verwendet werden. Knoblauch, Asafoetida, Ingwerpulver und Chili wirken gegen Candida (Pilz-)Infektionen von Magen und Darm.

Koriander

Koriander-Samen sind ein gutes Mittel gegen Verdauungsstörungen von Pitta-Menschen, weil sie nicht erhitzen. Ähnlich wirken Kreuzkümmel (Cumin) und Fenchel, weshalb diese drei häufig gemeinsam verwendet werden. Sie eignen sich z. B. sehr gut zum Würzen von Weißkohl. Kühlend und basenbildend wirkt im Körper auch der frische Koriander (Cilantro), der der Petersilie sehr ähnlich sieht. Sie können ihn leicht im Garten selbst ziehen. In der indischen und südostasiatischen Küche wird Cilantro sehr häufig und gerne verwendet und gibt den Speisen erst die charakteristische Abrun-

Frischer Koriander

dung des Geschmacks. Manche Menschen empfinden seinen Geschmack jedoch als zu dominierend. Er war früher bei uns ebenso verbreitet wie heute die Petersilie. Auf großen Gemüsemärkten oder beim Chinesen oder Siamesen erhalten Sie Cilantro frisch.

Knoblauch

Über die Wirkung von Knoblauch sind ganze Bücher geschrieben worden. Seit Tausenden von Jahren wird er gegen eine große Zahl von Beschwerden mit Erfolg eingesetzt. Besonders für Fleischesser ist Knoblauch angesagt, weil er die Verdauung verbessert, den Blutdruck senkt, den Cholesterinspiegel und die Triglyzeride senkt und Blutgerinnsel verhindert – kurz, Herz- und Kreislaufbeschwerden entgegenwirkt, die für Fleischesser eine Bedrohung darstellen. Außerdem stimuliert Knoblauch das Immunsystem und hilft deshalb gegen Infektionen (z. B. Erkältungen, chronische Bronchitis etc.). Knoblauch enthält sogar Substanzen, die Krebs verhüten helfen. Diese Wirkungen sind wissenschaftlich erwiesen. Für Vegetarier ist Knoblauch weniger wichtig, und wir raten diesen Menschen, ihn nur in kleinsten Mengen zu verwenden. Besonders wenn Sie meditieren und sich spirituell weiterentwickeln wollen, ist Knoblauch weniger angesagt, weil er abstumpft (besonders, wenn er roh genossen wird). Er wird deshalb auch von Yogis nicht gegessen.

Cayennepfeffer

Letzteres gilt auch vom Cayennepfeffer (Chili). Vegetarier und ganz besonders Rohköstler sollten von dieser Pflanze nur sehr sparsam Gebrauch machen, weil sie sehr stark wirkt und weil diese Menschen durch ihre Ernährung in der Regel schon reiner und sensitiver sind. Für Kapha und Vata ist sie wegen

Chilis

ihrer erhitzenden Wirkung natürlich besser geeignet als für Pitta – was ebenfalls für Knoblauch gilt. Abgesehen davon, daß Cayennepfeffer das Verdauungsfeuer und den Kreislauf anregt, gilt er auch als kräftigend und reinigend für die Lungen (fördert den Auswurf), verhindert und mildert chronische Bronchitis und hilft Blutgerinnsel auflösen. Diese Wirksamkeit ist ebenfalls von der modernen Medizin wissenschaftlich erwiesen (vgl. *Carper* und *Lad & Frawley*).

Gewürzmischungen
Die bekannteste Gewürzmischung ist das indische Currypulver. Es gibt davon unendlich viele Varianten; man kann z. B. folgende Mischung selbst zubereiten:

250 g Koriandersamen

je $1^1/_2$ TL[1] Kreuzkümmel, schwarze Senfsamen, Bockshornkleesamen und schwarze Pfefferkörner

3 EL[1] Kurkuma

---
1) TL = Teelöffel, EL = Eßlöffel

20 getrocknete Curryblätter

15 getrocknete Chilischoten

Rösten Sie die ersten fünf Gewürze kurz in einer Pfanne, damit sich das Aroma besser entfaltet und das Curry haltbarer wird. Lassen Sie abkühlen und mahlen Sie die Mischung zusammen mit den Curryblättern und den Chilischoten in einer Gewürzmühle (Kaffeemühle) oder im Mörser. Wenn Sie ein mildes Currypulver möchten, dann lassen Sie die Chilis weg. Zum Schluß mischen Sie noch das Kurkumapulver darunter.

Am besten werden Ihre Gerichte, wenn Sie jeweils zum Gericht passend die entsprechende Mischung frisch zubereiten. Garam Masala ist der indische Name für Gewürzmischungen, die den Körper erwärmen. Die meisten oben erwähnten Gewürze werden darin in unterschiedlichen Anteilen verwendet. Currypulver (mit Kurkuma) findet vor allem in Südindien, Garam Masala (häufig ohne Kurkuma) eher in Nordindien Verwendung (vgl. das vegetarische indische Kochbuch von *J. Sahni*).

3.4 Die Wirkung von Lebensmitteln (Pflanzenteilen) auf den Menschen

Anthroposophische Weisheit
Die einzelnen Pflanzenteile wirken nicht gleichmäßig auf alle Körperteile. Aus diesem Grunde ist es sinnvoll, alle verschiedenen Pflanzenteile in die Ernährung mit einzubeziehen, wobei diese nicht von ein und derselben Pflanze stammen

müssen. Wenn Sie also beispielsweise einen gemischten Salat oder ein Gemüsegericht bereiten, sollten Sie darauf achten, daß von der Wurzel über den Stengel und die Blätter bis hin zur Blüte und zu den Früchten alle Teile vertreten sind, wenn Sie ein ausgeglichenes, auf den gesamten Organismus gleichmäßig wirkendes Mahl erhalten wollen. Andererseits können Sie ganz gezielt vorgehen und die Nahrung so auswählen, daß Sie speziell gewünschte Wirkungen erreichen. Sie müssen sich eine Pflanze umgekehrt in den menschlichen Körper hineinprojiziert denken: Die Wurzeln kommen dann im Kopf zu liegen, die Blätter in der Lunge und die Blüten und Früchte im Unterleib. Dort wirken sie nach *Rudolf Steiner* dann auch.

Pflanzenwirkung im Organismus

Im Kopf werden für den Denkvorgang besonders die Mineralsalze benötigt, die in den Wurzeln in reichem Maße enthalten sind, also in Karotten, roter Bete, Rettich, Radieschen etc. Wenn das Gehirn ausreichend mit Mineralsalzen versorgt wird, dann kann der betreffende Mensch gut denken, und seine Willenskräfte werden gesteigert. Er erhält dadurch Festigkeit, die sich im ganzen Körper auswirkt. Die Blätter sind die Atmungsorgane der Pflanzen, und sie wirken dementsprechend auf die Atmungsorgane des Menschen, speziell auf die Lunge, aber auch auf das Herz. Deshalb ist es so wichtig, täglich frischen Blattsalat zu essen. Blütengemüse und vor allem Früchte wirken auf den Unterleib. Dabei spielt das Eiweiß, das in den Früchten enthalten ist, beim Aufbau der Verdauungsorgane eine besonders wichtige Rolle. Menschen, die dazu neigen, starr und unbeweglich zu sein, werden Früchte empfohlen, weil diese die Verdauungsorgane anregen und auf diese Weise den Körper reinigen, entgiften und so die physische Starre abbauen. Wenn diese Menschen jedoch nicht auch an ihren starren Gewohnheiten arbeiten und statt dessen die neue Ernährung mit der alten geistigen Starre durchhalten, können sie leicht zu klapperdürren, mausgrauen Sonderlingen werden.

Getreide und Verschleimung

Getreide nimmt eine Sonderstellung ein und wirkt mit seinem hohen Gehalt an Mineralien besonders auf den Kopf, aber auch auf Lunge und Herz. Gegarte Nahrung wirkt vor allem auf den Kopf und das Denkvermögen. Dazu bieten sich Wurzelgemüse und Getreidesorten an, die roh nicht so gut verdaut werden wie die Früchte, deren Fruchtfleisch sozusagen in der Sonne gegart wurde, während Wurzelgemüse die Sonne kaum gesehen haben. Getreide und Samen enthalten wie Nüsse Enzymhemmer, die eine unzeitgemäße Keimung verhindern und auch bei der Verdauung im Körper hinderlich sind. Deshalb sollten sie zumindest gemahlen, geschrotet oder gequetscht und eingeweicht werden, wenn man sie nicht gart oder zu Brot verbäckt. So werden sie besser verdaulich. Bei den hierzulande üblichen großen Brotmengen führen die konzentrierten Stärkeanteile jedoch zu Verschleimung – ähnlich wie die Milch. Wenn Sie häufig unter Erkältungen, Mittelohreiterung, Stirnhöhlenkatarrh u. ä. leiden, lassen sie am besten Milch und Milchprodukte sowie Getreide und Getreideprodukte (vor allem Brot) weg. Diese beiden Lebensmittelgruppen liefern dem Organismus Stoffe, die er häufig nur durch Schleim wieder hinausbefördern kann. In den meisten Fällen ist das Problem dann gelöst. Nach einigen Wochen können Sie wieder mit kleinen Mengen an Hirse oder Buchweizen und später auch anderen Getreiden experimentieren.

3.5 Speisenfolge im Tageslauf mit Bemerkungen zur Verdaulichkeit

Der Tagesrhythmus

Es ist nicht gleichgültig, zu welcher Tageszeit man ißt, und es macht auch einen Unterschied, was man zu unterschiedlichen Tageszeiten zu sich nimmt. Der menschliche Organismus durchläuft nämlich jeden Tag ganz spezielle Zeiten, die es zu beachten lohnt, wenn man eine optimale Verdauung erreichen will. Von 12 Uhr mittags bis 20 Uhr abends ist die beste Zeit für Nahrungsaufnahme und Verdauung in Magen und Dünndarm. Zwischen 14 und 15 Uhr hat die Gallensekretion ihr Maximum, und so lassen sich nachmittags fette Speisen ganz besonders gut verdauen. Zwischen 20 Uhr und 4 Uhr morgens ist die Zeit, in welcher der Körper sich der Aufnahme der Nährstoffe aus dem Darm in die Blutbahn widmet. Das Maximum der Fettaufnahme liegt bei 2 Uhr nachts, und das Maximum der Glykogen-(Zucker-)Speicherung in der Leber findet um 3 Uhr statt. Die Zeit von 4 Uhr bis 12 Uhr ist die Zeit der Entschlackung, Entgiftung, Ausscheidung. Der Körper widmet sich der inneren Reinigung, und dieser Prozeß ist heute extrem wichtig, weil wir durch die verschmutzte Umwelt und die Industrienahrung so außerordentlich viel aufnehmen, was der Körper dringend wieder loswerden will. Dieser Prozeß wird gestört, wenn Sie in dieser Zeit konzentrierte Nahrung (Eiweiß, Kohlehydrate) essen.

Das Frühstück

Aufgrund dieser Rhythmen ist es daher empfehlenswert, den Tag mit einem Glas möglichst mineralarmem Wasser zu

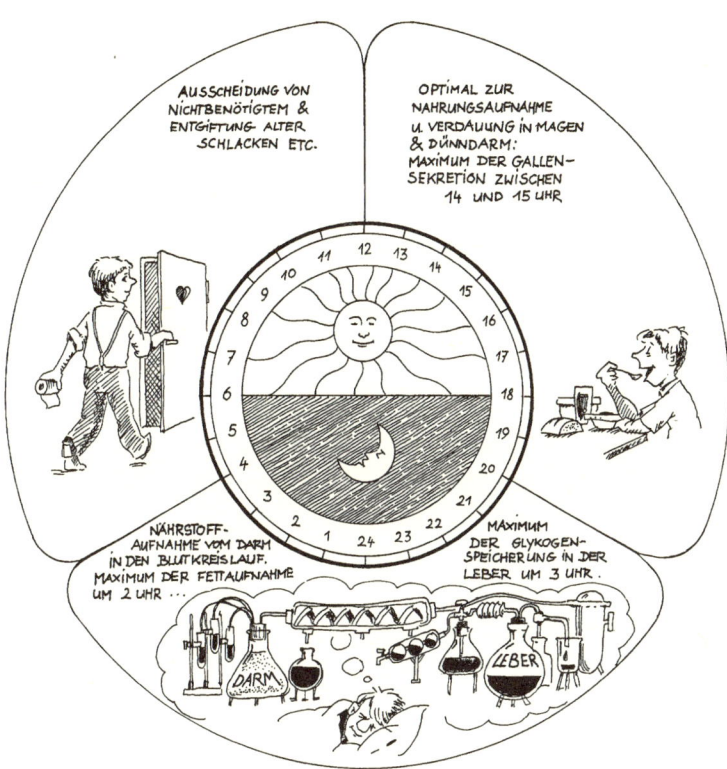

Der dreiteilige Tageszyklus

beginnen. Dies kann z. B. *Volvic, Spa* oder *Haderhecker* Wasser sein oder ein anderes, mildes, weiches Wasser. Am besten entschlackend und entgiftend wirkt dampfdestilliertes Wasser, wobei es auf Dauer vorteilhaft ist, wenn Sie das Wasser in Glasflaschen abfüllen und an der Sonne einige Stunden „aufladen", bevor Sie es trinken. Auch Wasser, das durch Umkehr-Osmose gereinigt wurde, ist gut, aber auch dieses würde ich – wie jedes Flaschen- oder Leitungswasser – vor dem Genuß an der Sonne aufladen und dann rasch verbrauchen. Wasser, das durch die Methoden von *Grander, Schauberger* oder

Hacheney belebt wurde, erscheint ebenfalls geeignet. Da diese Methoden neu bis sehr neu sind, liegen mit diesen Wässern aber noch keine Langzeit-Wirkungsbeobachtungen vor. (Bezugsquellenangaben finden sie am Ende des Buches.) Das Wasser kann Zimmertemperatur haben, kann aber auch warm oder heiß sein – je nach Jahreszeit oder wonach Ihnen zumute ist. Sie können das Wasser pur trinken, aber auch frischen Ingwer hineinreiben oder einige Spritzer frischen Zitronensaft dazugeben. Falls Sie gerne möchten: Auch ein Kräutertee ist geeignet, wechseln Sie aber öfters die Sorte. Auch Gemüsebrühe oder eine Misosuppe (vgl. Rezeptteil 10.6 und 10.8) bieten sich – besonders im Winter – an.

Nach Ihren Morgenübungen – etwa den Fünf »Tibetern« – können Sie dann Fruchtsaft trinken oder Obst essen – ganz nach eigenem Geschmack und Jahreszeit. Obst wirkt entschlackend und entgiftend. Es ist so leicht verdaulich, daß es dem Körper keine Energie raubt, die dieser zur Entgiftung benötigt. Wenn Sie statt dessen aber ein konventionelles oder ein Vollwert-Frühstück essen, dann verbrauchen Sie durch die Verdauung soviel Energie, daß Sie nicht weiter entgiften können und obendrein noch einen Kaffee benötigen, um wieder munter zu werden.

Im Laufe von Wochen oder Monaten können Sie den Augenblick, an dem Sie beginnen, vormittags etwas anderes als Obst zu essen, immer weiter hinausschieben, bis Sie bei der Mittagszeit (12 Uhr) angelangt sind. Das morgendliche Wassertrinken und Obstessen wird Ihnen sehr gut tun, wird Sie entschlacken und schlanker werden lassen. Denken Sie aber immer daran, daß Sie für sich selbst herausfinden müssen, welche Obstsorten und wieviel Obst Ihnen guttun. Wenn Sie trotz leeren Magens und gründlichen Kauens Obst nicht vertragen, sollten Sie einen Heilkundigen aufsuchen.

Das Mittagessen

Da mittags die Tageszeit ist, in der Sie die größte Verdauungskraft besitzen, sollten Sie mittags die Hauptmahlzeit einneh-
men und auf den Abend die Mahlzeit legen, die Sie leichter
verdauen. Für Menschen, deren Verdauung nicht optimal ist
– und das trifft auf viele von uns zu –, bedeutet das, daß sie
mittags ihre Rohkostmahlzeit essen: Salate und Gemüse inklusive Wurzelrohkost. Für völlig gesunde Menschen, die von
Natur aus eine robuste Verdauung besitzen, ist es kein Problem, wenn sie abends noch Wurzelrohkost essen, vorausgesetzt, sie kauen gründlich. Für viele Menschen macht eine
Portion Rohkost am Abend jedoch Verdauungsprobleme. Die
Rohkost liegt dann zu lange im Magen und fängt an zu gären,
weil die Verdauung bei vielen Menschen am Abend zu langsam ist und ungenügend funktioniert.

Rohkost am Mittag kommt auch den vielen Menschen entgegen, die mittags im Betrieb sind und dort nicht kochen können. Sie können sich Gurken, Tomaten, Paprika, Avocados, Stangensellerie, Karotten usw. gewaschen und unzerkleinert mitnehmen und dann in der Pause knabbern, anstatt das Kantinenessen zu ihrem Schaden zu verzehren. Es spricht nichts dagegen, sich am Morgen oder am Abend vorher ein Dressing zuzubereiten und das Gemüse hineinzutippen (vgl. den Rezeptteil). Auch ein fertig angerichteter Salat zusätzlich, etwa mit Sprossen, bietet sich an. Wenn Sie von der Rohkost nicht satt und befriedigt werden, können Sie selbstverständlich auch ein Butterbrot oder eingeweichte Nüsse dazu essen.

Das Abendessen

Nachmittags gegen vier Uhr bieten sich zum Tee Trockenfrüchte an. Abends (am besten zwischen 18 und 19 Uhr) könnte dann die warme Mahlzeit etwa mit gedünstetem Gemüse oder Gemüse aus dem Wok mit einem Schälchen gequollenem Getreide stehen, wobei ich besonders Hirse und Buchweizen empfehle, weil die nicht säurebildend sind. Sie können aber selbstverständlich mit anderen Getreidesorten abwechseln. Abwechslung ist immer gut! Es ist durchaus sinnvoll, Getreide in die abendliche Mahlzeit aufzunehmen, weil nach einer solchen Mahlzeit sich am ehesten das gewünschte runde, zufriedenstellende Sättigungsgefühl einstellt, das unser Nervenkostüm und unsere Gefühlswelt mögen. Wenn dies nicht der Fall ist, könnte es passieren, daß sich gegen 20 Uhr oder später Heißhunger einstellt und der Gang zu Kühlschrank und Knabbervorrat alles zunichte macht. Abends ist das Einhalten von gesundem Eßverhalten für die meisten Menschen schwierig. Durch ein rundes, vollständiges Abendmenü kann man hier vorbeugen. Vor Fehlkombinationen (vgl. Kapitel 2.5) sollte man sich jedoch hüten, auch wenn diese so unvergleichlich gut sättigen. Natürlich können Sie sich zum Abendessen auch etwas aus dem Kapitel „Süßspeisen" genehmigen. Diese eignen sich zum Teil auch dazu, daß Sie sie zu Ihrer Arbeitsstelle mitnehmen.

Wichtig ist es, abends früh genug und nicht zu viel zu essen. Wenn Sie nicht viel Hunger haben, können Sie auch etwas Obst essen, denn das wird immer gut verdaut. Auch ein leichter Salat aus Gemüsefrüchten (vgl. Rezeptteil 5.14) ist möglich, Sie müssen aber unbedingt gut kauen. Bitte achten Sie bei der Auswahl Ihrer Lebensmittel und Speisen immer darauf, daß Sie das bekommen, was Sie wirklich mögen, und beobachten Sie sich während und nach dem Essen, wie Sie die Nahrung vertragen – und ziehen Sie daraus Konsequenzen. Sie selbst sind die beste und wichtigste Instanz!

3.6 Der jahreszeitliche Reigen der jeweils passenden Speisen

Eigentlich versteht es sich von selbst, daß man seine Ernährung der Jahreszeit anpaßt. So weit wir in der Geschichte der Menschheit zurückblicken können, wurde dies praktiziert. Erst heute, wo wir infolge unseres großen Wohlstandes und aufgrund moderner Transport- und Kühltechniken zu allen Jahreszeiten fast alle Lebensmittel zur Verfügung haben, hat sich dies grundlegend gewandelt. Viele Menschen essen jahrein, jahraus die selben Speisen, nämlich jene, die sie „um die Ecke" leicht ehalten und die ihnen die Industrie in gleichbleibender „Qualität" ununterbrochen anbietet. Da Obst und Gemüse jetzt rund um den Erdball transportiert werden, stellen nur ein paar Beerensorten noch Abwechslung im Angebot dar.

Handfeste Gründe

Es spricht viel dafür, sich dem regionalen, jahreszeitlichen Angebot ein wenig anzupassen – man muß ja nicht stur werden:

- Weite Transporte verschwenden Energie und verursachen Umweltverschmutzung.

- Die Produkte werden unreif geerntet und reifen nicht genauso nach wie im Ursprungsland.

- Während der langen Transportzeiten bzw. -wege sind häufig zusätzliche Konservierungsmittel nötig.

- Die meisten Lebensmittel sind unter den Bedingungen am verträglichsten, unter denen sie wachsen und reifen. Sie schmecken dort in der Regel auch am besten. Dies trifft für viele Früchte zu, die in heißen Gegenden reifen und dann im Winter bei uns zu sehr kühlend wirken. Das bedeutet nicht, daß ein Mitteleuropäer z. B. tropische Früchte nicht vertragen könnte. Er wird jedoch bei warmem Wetter sicherlich mehr Vorteile daraus ziehen als bei kaltem.

Obst kühlt

Es ist also sinnvoll, die Nahrung den sich ändernden Temperaturen anzupassen. So sind Früchte und Rohkost im Sommer viel sinnvoller als im Winter, weil Rohes, vor allem Fruchtiges, kühlt. Warmes Essen dagegen gibt den Verdauungsorganen zusätzlich Energie, kann dadurch leichter verdaut werden und vermittelt dem ganzen Körper Wärme. Das hat jeder schon an sich selbst erfahren. Sinn macht es auch, im Winter Nahrung zu essen, die mehr Energie – etwa in Form von Fett oder Stärke – enthält. Stärkehaltige Wurzelgemüse, Hülsenfrüchte und Getreide sind dann angesagt. Menschen, die glauben, sie könnten das ganze Jahr über nur Rohkost essen (obwohl dies für sie persönlich gar nicht paßt), merken den Irrtum in der Regel vor allem im Winter. Andererseits ist es einleuchtend, in der Hitze des Sommers heiße und scharfe Speisen einzuschränken, weil es wenig Sinn macht, zusätzlich zu den hohen Sommertemperaturen den Körper noch weiter zu stimulieren. Dabei kommt es natürlich sehr auf den Typ an. Phlegmatische Menschen z. B. pflegen bei Hitze noch phlegmatischer zu werden, und ihnen kann dann etwas mehr „Feuer" – etwa durch scharfes Essen – nützlich sein. Dies erklärt wohl auch, warum gerade in den heißen Ländern Asiens oder Amerikas so scharf gegessen wird. Es ist für das Wohlbefinden und die Widerstandskraft des Körpers am besten, wenn man jeweils die Produkte ißt, die gerade reifen oder die sich ohne großen Aufwand bis zum jeweiligen Zeitpunkt lagern lassen.

3.7 Selbstverpflegung unterwegs und Essen bei Einladungen und in Restaurants

Wollen Sie auffallen?

Ich kenne einige Leute, die stets mit einem Korb unterwegs sind, in dem sie alles haben, wovon sie leben: verschiedene Arten von rohen Gemüsen und Obst, Trockenfrüchte, Nüsse und Samen und einige Flaschen reinen Wassers. So sind sie unabhängig; sie verabscheuen es in der Regel auch, ins Restaurant zu gehen. Selbst bei Einladungen bleiben sie bei der Selbstverpflegung. Wenn Sie sich nicht scheuen, das zu tun, dann sind Sie aller Sorgen enthoben. Andernfalls müssen Sie sich mehr oder weniger anpassen. Wenn Sie sich danach unwohl fühlen, können Sie in den darauffolgenden Tagen durch Fasten oder Obstrohkost vieles wieder ausgleichen. Hauptsache dabei ist, Sie haben kein schlechtes Gewissen!

Wenn Sie mit Ihren Gastgebern vorher über Ihre Eßgewohnheiten sprechen, sollte es keine Probleme geben. Sie müssen sich nur klar ausdrücken und dürfen nicht das Maximum verlangen, das Sie vielleicht selbst nur gelegentlich erreichen. Sie werden Ihre spezielle Speisenauswahl am besten genießen können, wenn Sie Ihren Gastgeber vorher bitten, möglichst wenig Aufhebens davon zu machen und wenn Sie selbst sich in keine Diskussionen einlassen oder gar missionarisch werden. Um das zu vermeiden, sagen Sie einfach, daß Sie zur Zeit aus gesundheitlichen Gründen eine Diät machen.

Wenn Sie ins Lokal essen gehen, dann wird es schon etwas schwieriger. Viele Restaurants scheiden von vorneherein aus. Es hat überhaupt keinen Zweck, in ein gutbürgerliches Lokal zu gehen und das Unmögliche zu verlangen. Das gibt nur Frust und Ärger. Sonderwünsche können Sie in der Regel nur in teuren bis sehr teuren Lokalen anbringen, und nicht einmal da ist ihre Erfüllung sicher. Wenn Sie vorher anrufen und mit dem Küchenchef sprechen und bestellen, können Ihre Sonderwünsche noch am ehesten erfüllt werden.

Alternativen
Was für Sie als vegetarisch- und/oder rohkostbetonte Esser bleibt, sind

– (anspruchsvollere) italienische Restaurants, wo Sie zumindest Salate erhalten, bei denen Sie selbst das Dressing aus Olivenöl und (wenig) Essig bereiten, wo in der Vorspeisentheke eine ganze Reihe von leckeren Gemüsekreationen zu finden sind und wo Sie als Hauptgang z. B. Austernpilze oder Nudeln mit Pilzrahmsauce, mit Öl und Knoblauch, mit Spinat, Erbsen etc. oder eine Ratatouille aus verschiedenen mediterranen Gemüsen bekommen können,

Chinaspeisen

– chinesische, indonesische, siamesische (thailändische) und japanische Restaurants u. ä., wo immer einige vegetarische Gerichte auf der Karte stehen. Nachteil dieser Restaurants ist es, daß sie in der Regel mit Geschmacksverstärker (Natrium-Glutamat) arbeiten, was Probleme bereiten kann (Chinarestaurant-Syndrom),

– indische und ceylonesische Restaurants, die meist zahlreiche vegetarische Gerichte servieren. Wenn Sie bestellen, fragen Sie, wie scharf es ist – damit Sie keine unangenehme Überraschung erleben.

Urlaub

Wenn Sie in Urlaub fahren und kein Camping-Fahrzeug besitzen, mieten Sie sich am besten in einer Ferienwohnung ein, wo Sie Ihre Nahrung selbst zubereiten können. Wenn Sie nur wenige Tage mit dem Pkw unterwegs sind, sollten Sie einen Vorrat an Frischprodukten und Wasser mitnehmen, damit Sie wenigstens für Frühstück und eine weitere Mahlzeit täglich gerüstet sind. Denken Sie daran, daß Sie unterwegs (z. B. an der Autobahn) meist kein für Sie passendes Angebot vorfinden.

Es ist übrigens bei Interkontinentalflügen sehr hilfreich, möglichst wenig, und wenn, dann Leichtverdauliches (z. B. Obst) zu essen und keinen Alkohol zu trinken, damit man die Zeitverschiebung leicht und schnell verkraftet. Der Körper hat dann ganz einfach mehr Energie dafür, die er sonst für die Verdauung verbraucht. Sie können übrigens bei fast jeder Fluggesellschaft ein vegetarisches Gericht bestellen – allerdings etwa 14 Tage vor Abflug. Auch bei langen Autoreisen halten Sie am besten mit möglichst leichter Nahrung durch.

Picknick

4 Essen mit verschiedener Zielrichtung

4.1 Nahrung zur Körperentschlackung

Die heute so besonders wichtige Entschlackung, Entgiftung, innere Reinigung erreicht man am besten durch möglichst mineralarmes Wasser, Kräutertees, frisch gepreßte Frucht- und Gemüsesäfte, klare Suppen und durch Lebensmittel, die besonders wasserhaltig sind. Zu ihnen gehört vor allem frisches, reifes, rohes Obst, das bis zu 98% Wasser enthält und einen hohen Gehalt an Vitaminen und Enzymen aufweist, die den Stoffwechsel anregen und dadurch die Entgiftung ermöglichen.

Nahrung zur Körperentschlackung

Devanando O. Weise / Jenny Frederiksen

Keine unnötigen Schocks!

Zitrusfrüchte wirken besonders stark entschlackend, weshalb man mit ihnen vorsichtig sein sollte, denn es ist für den Organismus keinesfalls gut, wenn er durch schwere Entgiftungskrisen mit allerlei heftigen und sehr unangenehmen Symptomen hindurch muß. Gar mancher hat dabei seiner Leber, seinen Nieren oder anderen Organen bleibenden Schaden zugeführt. Eine langsame, aber kontinuierliche Reinigung ist wesentlich zuträglicher und in der Regel auch von bleibendem Erfolg. So wäre es zum Beispiel völlig verfehlt, mitten im Winter durch eine Zitronenkur zu entschlacken. Gar leicht könnte dies zu einer Unterkühlung der Nieren und zu bleibenden Schäden führen. Entgiftungskrisen bei Obstkuren lassen sich abschwächen oder vermeiden, indem man morgens einige Scheibchen Kassie (Manna) lutscht, wodurch die Gifte verstärkt über den Darm geleitet werden.

Melone zum Frühstück

Im Sommer empfielt es sich, den Tag mit Melone zu beginnen. Melonen entgiften zuverlässig, aber wesentlich schonender als Zitrusfrüchte. Sie sind verträglicher, weil sie kaum Fruchtsäure enthalten. In der Beerenzeit sollten Sie sich vor allem von diesen köstlichen Früchtchen ernähren. Sie enthalten besonders viele wertvolle Mineralien. Viele Blattsalate enthalten ebenfalls sehr viel Wasser, genauso wie Tomaten, Gurken, Paprika, Zucchini (die Gemüsefrüchte) sowie Stangensellerie und andere Gemüse. Sie wirken ebenfalls reinigend. Man kann sie auch gut entsaften, sollte aber daran denken, nicht mehr als ein bis zwei Gläser frisch gepreßten Saft täglich – langsam – zu trinken und die Säfte gut einzuspeicheln. Heimische Küchenkräuter und vor allem auch die vielen Wildkräuter helfen sehr bei der Entschlackung, weil sie reich an anregenden Substanzen für den Stoffwechsel sind.

Dies gilt auch für Sprossen. Das Chlorophyll der grünen Salate und Kräuter hat große Heilwirkung. Wenn Sie sich die Mühe machen wollen: eine Kur mit Weizengrassaft soll Wunder wirken (vgl. *Ann Wigmore:* „Lebendige Nahrung ist die beste Medizin").

4.2 Nahrung zum Abnehmen

Eine vielschichtige Angelegenheit
Ihr Gewicht hängt nur zum Teil von Ihrer Ernährung ab. Auch Bewegung spielt eine große Rolle, vor allem aber Ihr emotio-

Nahrung zum Abnehmen

naler (gefühlsmäßiger) Zustand. Es gibt Phasen im Leben, in denen ist Abnehmen aus den verschiedensten Gründen nicht angesagt, etwa weil Sie gerade durch eine Krise gehen, in der der Körper sich schützen will, oder weil Sie momentan gefühlsmäßig nicht loslassen können oder gerade eine Aufgabe bewältigen, in der Sie besonders gut geerdet, schwer und hartnäckig sein müssen. Hier liegt eine Steuerung vor, die Sie nicht durch Diät außer Kraft setzen können. Es kann sein, daß Sie in diesen und ähnlichen Situationen trotz eingeschränkter Ernährung weiter zunehmen. Bevor Sie sich quälen, gehen Sie am besten erst einmal in sich, und fragen Sie sich, warum Sie abnehmen wollen und ob dies wirklich „dran" ist. Sie sind sich selbst der beste Maßstab – wenn Sie ehrlich zu sich selbst sind.

Vorsicht bei Kur und Diät

Wenn Sie wirklich eine Kur machen wollen, dann beginnen Sie bei Vollmond, denn bei abnehmendem Mond haben Sie mehr ermutigende Anfangserfolge. Seien Sie sich jedoch im klaren, daß der wichtigere Teil der Kur beginnt, wenn Sie mit der Kur aufhören und wieder zu normalem Essen zurückkehren. Wenn Sie nämlich danach tatsächlich wieder das gleiche essen wie zuvor, werden Sie auf Dauer keinen Erfolg haben. Dies betrifft auch die immer populärer werdenden Fastenkuren. Erwerben Sie nach der Kur entsprechend den Vorschlägen in diesem Buch ein neues Eßverhalten, das Ihren ureigensten Bedürfnissen Rechnung trägt und Sie nicht überfordert, das sich aber Schritt für Schritt verbessert. Rückfälle sind keine Sünden, das Schlimmste wäre ein schlechtes Gewissen. Ohne Befriedigung erleiden Sie Frust und können nicht anhaltend abnehmen. Langfristige, allmähliche Erfolge sind am sinnvollsten, es sei denn, Sie verlieren plötzlich Gewicht, weil Sie an einem Punkt in Ihrem Leben angekommen sind, an dem das Loslassen „wie von selbst" stattfindet.

Besonders wirkungsvoll sind Wasser-Trinken und Fasten oder Obst-Essen am Vormittag und ein frühes leichtes Abendessen, richtige Lebensmittelkombinationen, ein hoher Anteil an Obst, Salaten und Rohkost in der Nahrung, möglichst einfache, vollwertige Gerichte und Beachtung eines guten Stuhlgangs. Dabei hilft gemahlener, in Wasser eingeweichter Leinsamen (2 bis 3 Eßlöffel pro Tag) besonders schonend. Kalorienzählen können Sie vergessen, wenn Sie sich an die obigen Regeln halten.

4.3 Nahrung zum Zunehmen

Haben Sie auf Empfang geschaltet?
Ob Sie Gewicht zunehmen oder nicht, liegt nicht in erster Linie daran, wieviel Sie oder was Sie essen. Es hängt konstitu-

Nahrung zum Zunehmen

tionsbedingt – Ihrer Veranlagung entsprechend – davon ab, ob Ihr Körper die Nahrung gut ausnutzt oder nicht. Dies aber ist auch eine direkte Folge Ihres Gesamtzustandes und der wiederum vor allem Ihres Gefühlslebens.

Wenn Sie zum Beispiel auf Grund eines Minderwertigkeits- oder Überheblichkeitsgefühls von anderen Menschen nur ungern etwas annehmen – sei es nun Kritik, wohlgemeinte Ratschläge, Hilfe oder Liebe –, dann kann es sein, daß Sie auch Ihre Nahrung nicht richtig verwerten, weil sich Ihre ablehnende Grundhaltung auswirkt. Wenn Sie ängstlich, nervös und gestreßt sind, dann kann es sein, daß Ihr Körper nicht genügend Energie aufbringen kann, Ihre Nahrung richtig aufzuschließen und auszuwerten. Ja, es kann sein, daß Sie Unmengen essen und daß dann das Übermaß an Nahrung ein Zunehmen noch zusätzlich verhindert, weil der Körper mit solchen Mengen Lebensmitteln nicht umgehen kann und folglich auf „Durchzug" stellt.

Zunehmen mit Rohkost?
Weiter oben wurde gesagt, daß nur wenige Menschen mit Rohkost zunehmen können. Wenn Sie es trotzdem versuchen wollen, rate ich Ihnen zu (über Nacht eingeweichten) Nüssen und Samen, Avocados, Trockenobst, Bananen, Spirulina und Getreide- und Hülsenfrüchtesprossen. Machen Sie Ihre Salate mit Saucen aus Nußmus und Gemüsesaft oder Wasser an (vgl. Rezeptteil), und verwenden Sie kaltgepreßte Öle. Auch Rohmilch und die Rohmilchprodukte Käse, Sahne und Butter werden Ihnen helfen. Von größerer Wirksamkeit sind allerdings gegarte Speisen wie schonend gegartes Gemüse mit Sauce (angemessen gewürzt zur Verdauungsanregung) und Getreide, Hülsenfrüchte und in Maßen (ein paarmal pro Woche) Vollkornbrot.

Getreide gibt Masse

Wenn Sie unbedingt zunehmen wollen oder ganz dringend Gewicht brauchen, dann rate ich dazu, schon zum Frühstück etwas Substantielleres als Obst zu sich zu nehmen. Eine Möglichkeit wäre eine recht eigenwillige, aber für viele Menschen gut verträgliche Kombination: über Nacht eingeweichte Nüsse mit Orangen und/oder Pampelmusen. Weiterhin wäre ein Frischkornbrei aus maximal drei Löffeln geschrotetem Weizen, Dinkel oder anderem Getreide möglich, den Sie über Nacht einweichen und dann mit Kräutern oder mit süßer Sahne essen. Sonst sollten Sie nichts daruntermischen, denn sonst wird das Müsli schwer verdaulich, führt zu Blähungen und belastet. Freilich wird durch so einen Frischkornbrei oder durch ein Butterbrot am Morgen die Entgiftung des Organismus hintangestellt. Manchmal kann es aber durchaus sinnvoll sein, daß man zunächst einmal wieder etwas Substanz gewinnt, kräftiger wird, bevor man andere Aufgaben in Angriff nimmt. Dies trifft etwa nach einer Krankheit zu.

Haben Sie sich überfordert?

Es kann auch sein, daß Sie eine kleine Menge an Fleisch oder Fisch (aus biologischer Tierhaltung!) benötigen, um wieder zu Kräften zu kommen bzw. zuzunehmen. Vielleicht hat sich Ihr Körper noch nicht auf strikten Vegetarismus eingestellt, und Sie haben ihn aus Ehrgeiz überfordert. Jedenfalls sollten Sie diese Möglichkeit nicht völlig aus Ihren Experimenten streichen, zumindest dann nicht, wenn die anderen Bemühungen nicht greifen. Dies ist kein Widerspruch zu dem, was Sie weiter unten lesen. Bitte achten Sie sehr genau auf die Formulierung im Detail und bedenken Sie, was in Kapitel 2.3 über die Verwertbarkeit von Inhaltsstoffen aus pflanzlichen und tierischen Lebensmitteln gesagt wurde. Wenn die vegetarischen

Devanando O. Weise / Jenny Frederiksen

Speisen nicht greifen, ist zu untersuchen, ob Sie vielleicht an einer Candida-(Pilz-)Infektion von Magen und/oder Darm leiden.

Krafttraining
Gewichtszunahme wird auch ganz entscheidend unterstützt durch Krafttraining, wie Sie es in Fitneß-Studios durchführen können, denn Muskeln bringen Gewicht auf die Waage. Sehen Sie aber zu, daß Sie sich gut beraten lassen, damit Sie nichts übertreiben und sich womöglich schaden, was leider immer wieder vorkommt. Viele Menschen übertreiben, weil sie ein schlechtes Gewissen haben, daß sie so lange nichts für ihre Gesundheit getan haben.

4.4 Speisen für Kraft, Energie und Ausdauer

Fleisch gibt keine Kraft

Es ist ein Irrtum zu glauben, daß Sportler ganz besonders viel Eiweiß (und damit große Mengen an Fisch und Fleisch) brauchen. Fleisch ist kein Stück Lebenskraft – vor allem nicht, wenn man es in den heute üblichen Mengen ißt, und schon gar nicht, wenn es aus der tierquälerischen Massentierhaltung stammt. Sehen Sie sich nur einmal die Tiere an, wie sie apathisch, vollgepumpt mit Antibiotika, Betablockern und anderen Medikamenten, Masthilfsmitteln und Hormongaben in ihren engen Boxen stehen und sich vollfressen müssen, ohne je genügend Bewegung und Zeit zur Körperentgiftung zu haben.

Offensichtliche, akute Krankheiten werden durch vorbeugende Medikamentengaben verhindert, und noch bevor die gesundheitliche Katastrophe ausbrechen kann, werden die Tiere geschlachtet. So etwas essen Sie dann! Glauben Sie wirklich, Sie erhalten so Lebenskraft?

Vegetarisch lebende Spitzensportler

Viele unserer Spitzensportler haben längst gelernt, daß eine überwiegend bis völlig vegetarische Ernährung optimal für Spitzenleistungen geeignet ist. Kraft erhält man zwar durch Muskeln, es müssen aber nicht die Show-Muskelpakete der Bodybuilder sein. Menschen mit besonders viel Kraft und Ausdauer sind zwar muskulös, aber auch drahtig-sehnig (vgl. die entsprechenden Konstitutionen bei *Wagner*). Es kommt dabei nicht auf die Masse, sondern auf die Leistungsfähigkeit der Muskeln an. So brauchen diese Menschen noch nicht einmal besonders viel Eiweiß zum Aufbau ihrer Muskeln – eben weil es nicht auf die Menge der Muskelpakete ankommt.

Kohlehydrate für Kraft und Ausdauer
Energie und damit Ausdauer erhalten Sie durch Eiweiß schon
gar nicht. Dazu benötigen Sie Kohlehydrate und Fette. Vor
allem die komplexen Kohlehydrate, z. B. aus Getreideproduk-
ten, sind gut geeignet, weil sie ihre Energie langsam an den
Körper abgeben – im Gegensatz zu Zucker, der so rasch verdaut
wird, daß er zu einem rasanten Anstieg des Blutzuckerspiegels
führt, der dann durch einen überstürzten Insulinausstoß
unter die vorherige Marke absinkt und damit zur Unterzucke-
rung (Hypoglykämie) führt. Wenn Sie also Energiereserven für
sportliche Höchstleistungen etc. anlegen wollen, dann sind
Pellkartoffeln oder Kartoffelbrei mit Butter und/oder Sahne,
alle Arten von Vollkornprodukten und Samen (inkl. daraus
kalt gepreßtem Öl), ergänzt durch Hülsenfrüchte, Nüsse und
geringe Mengen Rohmilch(-produkte) zu empfehlen. Auch
für Sportler sind zwischengeschaltete Rohkostwochen äußerst heilsam; und in diesen Zeiten sinkt die Leistungsfähigkeit in der Regel keinesfalls ab. Auf Dauer kommen die meisten
Hochleistungssportler aber nicht mit Rohkost allein aus,
obwohl sie sie oft besser vertragen als andere Menschen, weil
sie sich so viel bewegen und damit den Stoffwechsel stark
anregen.

4.5 Essen für geistige Klarheit, Wachheit und Gedankenkraft

Gehirnnahrung
Geistige Klarheit und Wachheit ist besonders wichtig für
Menschen, die sich spirituell weiterentwickeln wollen, die
meditieren, kontemplieren. In der Yoga-Philosophie wird
diese Nahrung für Yogis als „sattvisch" bezeichnet (Sattva be-

Nahrung für geistige Klarheit

deutet „reine Geistigkeit"), im Gegensatz zur „rajasischen" Nahrung für Krieger und Menschen, die in der Leistungsgesellschaft aktiv sind und materiellen Reichtum anhäufen wollen („energiebetonte Kraft"), und der „verdorbenen", zerkochten, vergorenen etc. Nahrung der gutbürgerlichen Küche und der Industrie, die man als „tamasisch" bezeichnet („träge Stofflichkeit"). Tamasische Nahrungsmittel benötigen übermäßig viel Energie für ihre Verdauung und sind deshalb weder körperlich noch geistig anregend. Sie steigern jedoch das Triebverlangen und wirken auf den höheren Ebenen abstumpfend.

Sattvische Nahrung
Diese Nahrung für geistige Klarheit, Wachheit und Gedankenkraft bringt den Körper in optimale Form, reinigt ihn und

führt ihm besonders viel Sonneninformation zu. Das wird vor allem durch rohe, reife Früchte erreicht, Salate und Gemüserohkost, Sprossen, aber auch Getreide und andere frische, saftige, leichte, ölige, nahrhafte, süße, wohlschmeckende Lebensmittel. Bereitet man Getreidespeisen mit viel Butter und scharfen Gewürzen, dann werden sie rajasisch, ißt man sie im Übermaß oder falsch zubereitet, dann erzeugen sie Blähungen und wirken tamasisch. Dies gilt auch für Bohnen. Diese passen nach *Pythagoras* und den alten ägyptischen Priestern nicht zu sattvischer Ernährung. Sattvische Nahrung ist einfach zusammengestellt, rohkostbetont und vegetarisch. *Plutarch* (45 – 125 n. Chr.) sagt dazu: „Weise Männer sind leicht zu bewirten."

Ohne Phosphor kein Gedanke

Da durch Denken viel Phosphor im Gehirn verbraucht wird, sind phosphorhaltige Lebensmittel besonders gefragt: Mandeln, Kürbiskerne, Sonnenblumenkerne, Zucchini und Sojabohnen, Squash, Spirulina, Lezithingranulat u. a. Tierische Produkte enthalten zwar auch viel Phosphor, sollten bei einer sattvischen Ernährung aber gemieden werden, weil sie dem Körper zu viele Gifte zuführen. Zu warnen ist auch vor der Annahme, die weit verbreiteten Colagetränke wären zur Versorgung des Körpers mit Phosphor gut geeignet, weil diese Getränke so viel Phosphorsäure enthalten. Die Nachteile des Koffeins und der Unmengen darin enthaltenen Zuckers liegen klar auf der Hand.

Wurzelgemüse fürs Gehirn

Weiterhin benötigt das Gehirn reichlich Mineralien, die vor allem aus Wurzelgemüsen bezogen werden sollten: Karotten, rote Bete, Rettich, Radieschen, Sellerie u. a. (nicht so sehr die

Kartoffeln, die nach *Rudolf Steiner* die Denktätigkeit zu sehr aufs Materielle lenken). Sie können diese Wurzelgemüse als Rohkost oder als frisch gepreßte Säfte zu sich nehmen, sollten sie aber auch schonend gegart verzehren, da dann, wie *Steiner* ausführt, die Wirksamkeit der Mineralien für die Denkprozesse am höchsten ist. Die Mineralien werden dabei benutzt und wieder ausgeschieden.

Feigen, Datteln und Gymnastik

Auch eine gewisse Menge an Fett sollte nicht fehlen. Dafür bieten sich neben kaltgepreßten Ölen vor allem über Nacht eingeweichte Nüsse, Oliven und Kokosnuß an. Ein nachmittäglicher Snack aus Feigen, Datteln und einer Tasse nur eine dreiviertel Minute gezogenem grünem Tee (guter Qualität) hilft über Müdigkeit hinweg, die sich bei manchen Menschen zu diesem Zeitpunkt bisweilen einstellt. Ein paar Körperübungen oder ein Spaziergang helfen dabei auch. Generell ist bei einer sattvischen Ernährungsweise darauf zu achten, daß die starken Stimulantien der rajasischen Ernährung weggelassen werden: z. B. rohe Zwiebeln, Lauch und Knoblauch, übermäßige Schärfe von Chili (Cayennepfeffer) und andere.

Die goldene Regel: Essen Sie möglichst wenig

Im Grunde sollten Sie sich daran gewöhnen, sich in der Regel nicht völlig satt zu essen. Die Yogis empfehlen: Ein Viertel deines Magens bleibe frei. Nahrung ist Segen und Fluch zugleich – um das einmal etwas hochtrabend auszusprechen. Ohne Nahrung kein Leben – mit zuviel Nahrung ein unnötig belastetes und kürzeres Leben. Der Meister findet den goldenen Mittelweg.

Devanando O. Weise / Jenny Frederiksen

4.6 Ausgewogenes und harmonisierendes Essen

Ausgewogene Mahlzeiten

Der Begriff „ausgewogene Mahlzeit" gehört zum Standard-repertoire der Ernährungswissenschaft. Darunter wird eine Mahlzeit verstanden, die alles enthält, was der Mensch braucht. Ob diese Kombination auch gut verdaulich und verwertbar ist, das kümmert die Analytiker wenig, denn sie bedachten in erster Linie die Inhaltsstoffe und sind auf die von ihnen aufgestellten Tabellen der benötigten Nährstoffe fixiert. Wenn aber die Verdauung nicht stimmt, dann klappt auch die Aufnahme nicht richtig. Es ist nicht nötig, daß alle benötigten Stoffe in jeder Mahlzeit enthalten sind. Für alles, was der Mensch benötigt, hat er im Körper Speicher. Diese Speicher können durch unterschiedliche Mahlzeiten mit wechselnden Schwerpunkten sogar besser gefüllt werden als durch „ausgewogene Mischungen", die meistens schwer verdaulich sind.

Ausgewogenes und harmonisierendes Essen

Harmonisierende Mahlzeiten

Was wir brauchen, sind harmonisierende Mahlzeiten, die im vollen Einklang mit unseren individuellen Bedürfnissen stehen. Diese kann jeder selbst feststellen, indem er sorgfältig in sich hineinsieht, indem er sich genau fragt: „Was will ich, was braucht mein Körper jetzt eigentlich?" Das können lebensmittelchemisch betrachtet sehr einseitige Mahlzeiten sein, wenn der Körper sie jedoch wünscht, dann sind sie richtig und für diesen Menschen in diesem Augenblick passend. Lassen Sie sich also nicht irre machen, wenn Sie plötzlich eine unerklärliche Vorliebe für Datteln oder Bananen haben oder am liebsten den ganzen Tag nur Salate essen wollen. Der Ausgleich kommt schon. Und selbst wenn es Ihnen zur Mittagszeit nur nach Butterkremtorte zumute wäre, dann müssen Sie diese eben essen, es sei denn, Sie lieben es, sich nach dem Essen betrogen zu fühlen. Alles, was Sie sich verkneifen, alles was Sie verdrängen, kommt eines Tages wieder hoch und richtet dann erst recht Schaden an. Unterdrückte Wünsche erzeugen gesundheitliche Beschwerden. Das bedeutet nicht, daß Sie handfesten Süchten nicht mit der nötigen Therapie begegnen sollten.

Der Körper speichert

Eine individuell zusammengestellte, harmonisierende Dauernahrung wird immer Phasen enthalten, die für sich allein betrachtet einseitig aussehen. Auch ein Obstfrühstück ist einseitig, bringt aber vielseitigen gesundheitlichen Segen, wie oben beschrieben wurde. Ein „ausgewogenes" Frühstück herkömmlicher Art dagegen belastet und verbraucht Energie. Eine Mahlzeit aus Pellkartoffeln und Salat enthält vielleicht nicht alle notwendigen (essentiellen) Aminosäuren, dafür ist sie aber leicht verdaulich. Die fehlenden Aminosäuren können dann beim Abendessen durch ein Omelett oder durch

Hülsenfrüchte ausgeglichen werden. Auch Aminosäuren werden im Menschen gespeichert, und aus diesem Speicher nimmt sich der Organismus dann die Eiweißbausteine für die unterschiedlichen Zwecke und Aufgaben.

Individuelle Bedürfnisse

Optimales Wohlbefinden und Gesundheit auf lange Sicht erhalten Sie, wenn Sie auf die Signale Ihres Körpers und auf Ihre Gefühle achten. Wenn Sie dies tun, sind Sie vor allen Extremen und jedwedem fanatischen Verhalten in die eine Richtung (z. B. nur Rohkost) oder in die andere Richtung (Fehlkombinationen der Industrieküche) gefeit. Es kommt nicht auf vielleicht spektakuläre, dafür aber nur vorübergehende Erfolge an. Sie gehen Schritt für Schritt vorwärts, und muten Sie sich nur das zu, was Sie ohne Probleme verkraften können. So wird das Essen für jeden Menschen je nach Konstitution, Veranlagung, Temperament anders aussehen – und richtig erspürt, wird es immer harmonisierend sein, weil es den individuellen Bedürfnissen Rechnung trägt.

4.7 Essen zur Belohnung, zum Trost, aus Unsicherheit etc.

Essen als Ersatzbefriedigung

Bekanntlich erfüllt Ernährung nicht nur körperliche, sondern auch emotionale Bedürfnisse. Der Mensch ist immer noch in erster Linie von seinen Gefühlen gesteuert, und so manche Gedanken sind nur getarnte Gefühle: z. B. das Wunschdenken. Wir alle wissen, daß wir in bestimmten Situationen bestimmte Speisen bevorzugen.

Wir wollen hier nicht auf Details eingehen. Sie haben sicher schon selbst die Erfahrung gemacht: Essen wird leicht zu einer Ersatzbefriedigung – und dafür ist es nicht gedacht (zumindest nicht in erster Linie). Wenn ich zum Beispiel nicht genügend Liebe erfahre, dann kann ich dies nur unvollkommen durch Süßes ausgleichen – obwohl das fast jeder von uns schon einmal versucht hat. Die Wirkung von Essen als Ersatzbefriedigung auf den physischen Körper ist auf die Dauer gesundheitsschädlich. Sie sollten sich Ihrer wahren Wünsche bewußt werden, wenn es Sie häufig nach Speisen verlangt, die gesundheitsschädlich sind. Wenn Sie Ihre wahren Wünsche erfüllen, wird das Bedürfnis nach bestimmten Nahrungsmitteln nachlassen, und Sie werden zu einer gesünderen Ernährung kommen.

Devanando O. Weise / Jenny Frederiksen

Brei und Geborgenheit

Viele Menschen haben ein Bedürfnis nach breiähnlichen Speisen: Kartoffelbrei, Griesbrei, Reisbrei, Yoghurt-Frucht-Creme, Schokocreme, Pudding etc. Diese Speisen habe eine enge Verbindung zur Kindheit, weil es nach der Muttermilch bzw. dem Fläschchen die ersten „festen" Speisen waren, die Sie aus der liebenden Hand der Mutter empfingen. So verbinden Sie mit diesen Speisen Geborgenheit, Sicherheit, Wohligkeit etc. Für gewisse Abschnitte des Lebens können solche Speisen sehr wichtig sein – etwa wenn Sie frühe Kindheitserlebnisse aufarbeiten (vgl. Rezept 11.9).

Kauen und Erdung

Bei anderen Gelegenheiten kann man seine Aggressionen loswerden, indem man mit lautem Geräusch z. B. Chips zwischen den Zähnen zermalmt. Das Kauen von Vollkornbrot oder auch eines Steaks befriedigt, weil man etwas „Ordentliches" zwischen den Zähnen hat. So läßt sich Sicherheit und Erdung realisieren. Wenn Sie sich unsicher fühlen, kann es hilfreich sein, daß Sie etwas Schwereres essen, das Ihnen diese Sicherheit gibt. Obst hilft da nicht weiter. Dies trifft auch zu, wenn Sie sich zu leicht und flatterhaft fühlen.

Belohnung durch Junkfood

Sie sollten auf jeden Fall vermeiden, Kindern als Belohnung Junkfood (Süßigkeiten, Hamburger etc.) zu versprechen. Auf diese Weise erhalten diese schädlichen Speisen bei den Kindern einen falschen Stellenwert, und sie werden danach süchtig. Als Erwachsene haben es diese Personen besonders schwer, die alten schädlichen Gewohnheiten wieder abzubauen.

5 Salate und Dressings

Eine Salatsauce ist wie eine Partnerschaft

Im Strudel der Ereignisse lernt man sich kennen und geht eine innige Verbindung ein, so wie sich Essig und Öl durch kräftiges Rühren zu einer Emulsion verbinden. Ziel der Partnerschaft ist es, sich gemeinsam und mit gegenseitiger Hilfe weiterzuentwickeln, zu wachsen. Dazu sind das Miteinander, das Gespräch und die gemeinsame Aufgabe hilfreich. Wenn wir der Partnerschaft nicht genügend Energie geben, wenn wir stehenbleiben und im Alltagstrott, in den alten Gewohnheiten erstarren, dann wird aus dem gemeinsamen Erleben und Lernen im Laufe der Zeit ein Nebeneinander und schließlich eine Trennung – so wie sich die Emulsion aus Essig und Öl beim Stehen wieder entmischt. So wie wir das Dressing in der Flasche vor Gebrauch schütteln, so beutelt uns manchmal das Schicksal, und wir gehen um so fester verbunden aus den Stürmen des Lebens hervor. Und so wie nicht jedes Dressing zu jedem Salat oder Gemüse paßt, so können auch nicht in jeder Partnerschaft beliebige Aufgaben gelöst werden. Herausfinden, was zu uns am besten paßt, wo unsere Stärken und Schwächen liegen, wie wir unser Potential in Zusammenarbeit mit unserem Partner am besten entwickeln können und wie wir bei all dem am meisten Spaß und Freude haben – das ist die Aufgabe unseres Lebens.

Mit den folgenden Dressings können Sie Ihren Salat oder Ihre Rohkost geschmackvoll abrunden. Wechseln Sie ab, dann kann Langeweile nicht aufkommen. Übrigens: 50 ccm entsprechen etwa 4–5 Eßlöffel. Die Rezepte sind berechnet auf ca. 3–4 Personen. Es bedeuten EL Eßlöffel und TL Teelöffel.

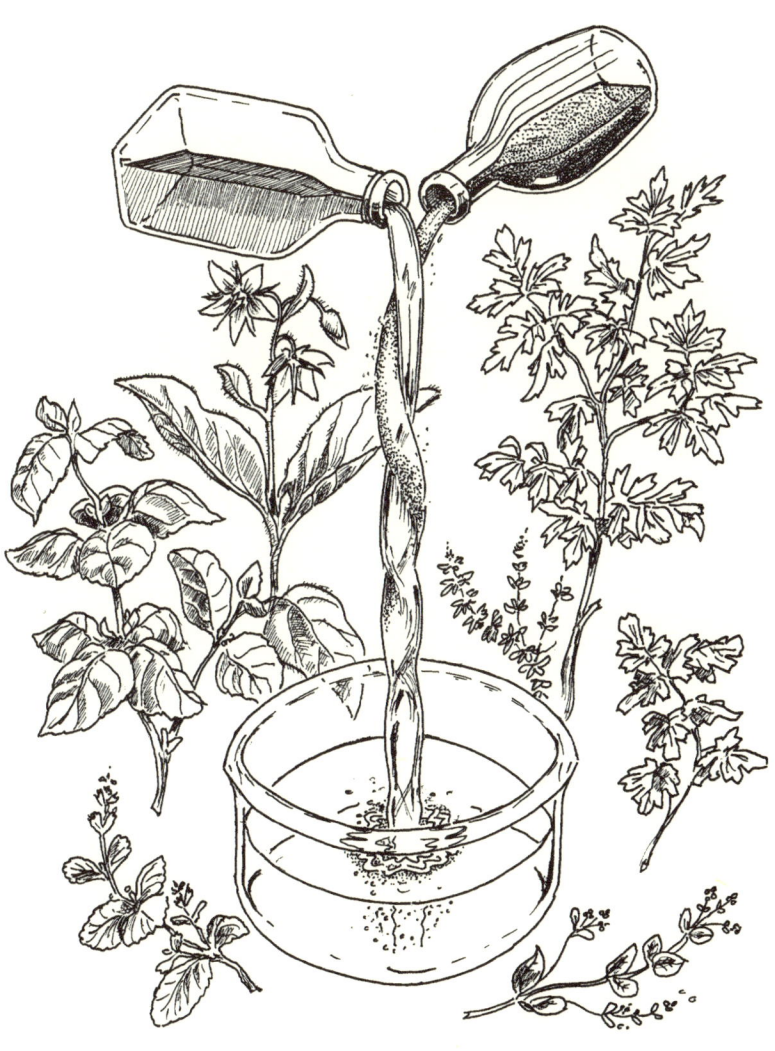

5.1
Zitronen-Vinaigrette (franz. Salatsauce)

Beginnen wir mit diesem klassischen, einfachen Dressing, das Sie je nach Jahreszeit mit verschiedenen Kräutern oder Kräutermischungen variieren können. Sparen Sie nicht an den Kräutern, sie sind, wie Sie ja wissen, nicht bloß reine Geschmackssache! Schlagen Sie das Dressing mit einem kleinen Schneebesen oder einer Gabel kräftig durch, damit eine gute Emulsion entsteht, bevor Sie die Kräuter dazugeben.

100 ccm Sonnenblumenöl oder ein anderes kaltgepreßtes Öl Ihrer Wahl

Saft einer viertel bis halben Zitrone (je nach Größe), alternativ Limonensaft (besonders köstlich)

Pfeffer und Kräutersalz nach Geschmack

kleingehackte Kräuter

Uns schmeckt hier am besten *Liebstöckel* (Maggikraut). Probieren Sie auch mal, statt der Kräuter geriebene frische *Ingwerwurzel* zuzugeben (vgl. Kapitel 3.3).

5.2
Italienisches Dressing

Die heutige Industriekost in Europa und den USA enthält sehr viel Essig. Dies schadet den Nieren. Sie sollten deshalb den Essigverbrauch stark einschränken. Die Fruchtsäure von Zitrusfrüchten ist viel gesünder. Das bedeutet nicht, daß die vielgepriesenen therapeutischen Wirkungen von Apfelessig unwahr seien. Nur: rein zur Vorbeugung jeden Tag davon zu schlucken – das halten wir für überflüssig – vorausgesetzt Sie ernähren sich gesund (harmonisch). Gehen Sie also sparsam mit Essig um und wechseln Sie täglich mit anderen Zutaten ab. Es lohnt sich, etwas mehr Geld auszugeben und einen echten italienischen Balsamico oder einen Bio-Apfelessig zu kaufen. Sie können als Säuerungsmittel in Dressings übrigens auch Sauerkrautsaft verwenden.

100 ccm kaltgepreßtes Olivenöl

25 ccm Balsamico-Essig

Pfeffer und Kräutersalz nach Geschmack

1 Zehe Knoblauch

Stechen Sie die Knoblauchzehe mit der Gabel mehrmals an und lassen Sie sie 10 Minuten vor dem Essen im Dressing liegen, damit sich das Aroma überträgt. Dann können Sie den Knoblauch leicht wieder herausnehmen, damit der Geschmack nicht zu intensiv wird.

Dieses Dressing gewinnt sehr durch *fein gehackte Olivenstückchen* und *frisches Basilikum.* Gut schlagen! 1 TL *Senf* macht das Dressing noch sämiger und stabilisiert die Emulsion. *Fein gehackte Kapern* sind eine pikante Abwandlung.

5.3
Die grüne Göttin
(Green Goddess Dressing)

Ob mit oder ohne Milchprodukte – dieses Dressing ist leicht und göttlich – daher der Name. Wir lernten es in den USA kennen, wo es an vielen Salatbars anzutreffen ist.

100 ccm Naturyoghurt

100 ccm saure Sahne

Rosenpaprika, Pfeffer und Kräutersalz nach Geschmack

fein gehackt: reichlich Dill, Petersilie und Schnittlauch und in kleinen Mengen Borretsch, Liebstöckel, Majoran, Thymian

In Hessen bekommen Sie diese Kräutermischung fertig in einem Bund für die bekannte Frankfurter Grüne Soße; wenn Sie nicht alle aufgeführten Kräuter erhalten, nehmen Sie einfach Ihre eigene Zusammenstellung. Die ersten drei Kräuter genügen völlig.

Dieses Dressing mischen Sie am besten im Mixer (Küchenmaschine mit Hackmesser). Wenn Sie die Sauce dicker und sämiger machen wollen, geben Sie *Mayonnaise* dazu. Die Sauce eignet sich dann auch hervorragend zu warmem, gedünstetem oder gedämpftem Gemüse.

Wenn Sie keine Milchprodukte verwenden wollen – hier ist Ihr Rezept für eine strikt vegetarische „grüne Göttin":

150 g über Nacht eingeweichte Nüsse und Samen (z. B. Mandeln, Cashew, enthülste Sonnenblumenkerne, Sesam) oder Mandel- oder Nußmus aus dem Glas, 100–200 ccm Wasser (nicht das Einweichwasser) je nach gewünschter Konsistenz, die oben genannten Kräuter und Gewürze

Pürieren Sie die ersten beiden Zutaten im Mixer. Dann pürieren Sie mit den Kräutern und Gewürzen weiter.

5.4
Gourmet's Garden Dressing

In diesem in unserem vegetarischen Imbiß und Partyservice Gourmet's Garden in München entwickelten Dressing gehen das südeuropäische Olivenöl und das fernöstliche (japanische) Ume-Su eine überraschend harmonische Partnerschaft ein. Ume-Su ist der Saft von milchsauer vergorenen Umeboschi-Pflaumen (eigentlich Aprikosen) und Shishoblättern. Ume-Su wird viel in der makrobiotischen Küche verwendet; bekanntlich ist milchsauer Vergorenes (z. B. auch Sauerkraut!) für den Körper verträglicher als Essigsaures. Ume-Su enthält Salz, Sie brauchen das Dressing also nicht mehr zu salzen! Ume-Su schmeckt auch sehr gut auf gedämpftem Gemüse.

---

100 ccm kaltgepreßtes Olivenöl

2–3 EL Ume-Su

Verquirlen Sie die beiden Zutaten gründlich. Wenn Sie wollen, können Sie etwas *Pfeffer* hinzugeben.

Wenn Sie ein cremiges Dressing nach Art einer dünnen Mayonnaise mögen, quirlen Sie weiter und gießen in dünnem Strahl *50 ccm Sahne* hinzu. Wenn der Ume-Su-Geschmack dann zu sehr verdünnt ist, geben Sie noch etwas davon dazu. Dieses sämigcremige Dressing ist fantastisch. Wir mischen es z. B. mit kleingeschnittenem Stangensellerie, Zucchini, Tomaten und Avocado (siehe unten). Gelegentlich bleibt das Dressing trotz intensiven Rührens dünn wie Wasser. Weshalb, weiß man nicht. Die Emulsion findet nicht statt. Verzagen Sie nicht: das nächstemal klappt's bestimmt!

5.5
Samen- und Nußmus-Dressings

Diese Dressings mixen Sie am besten aus bereits *gemusten Samen (z. B. Sesam) oder Nüssen (Haselnuß, Mandel, Cashew usw.) und wechselnden Mengen Wasser,* je nachdem, wie flüssig Sie das Dressing haben wollen. Sie können diese Dressings ganz nach Ihrem Geschmack würzen.

Die Sesamsauce würzt man traditionell mit *Zitronensaft, Knoblauch, Petersilie, Pfeffer* und *Salz.* Regional (z. B. im Vorderen Orient) ergibt zusätzlich gemahlener *Kreuzkümmel (Cumin)* eine sehr interessante Geschmacksvariante. Diese sogenannte Tahinisauce ist in arabischen Ländern und in Israel besonders beliebt. Dort nimmt man statt Wasser Kuhmilch. Die Sauce wird in dicker cremiger Konsistenz mit Fladenbrot oder Gemüse oder Salat gegessen.

Wenn man diese Cremes und Saucen bereitet, rührt man die Flüssigkeit in dünnem Strahl in das Mus ein. Wenn die gewünschte Konsistenz erreicht ist, würzt man. Experimentieren Sie mit unterschiedlichen Würzvarianten,

z. B. mit *gemahlenem Kardamom, Fenchel* oder auch *Nelken* oder *Zimt.*

Für leichtere Verdaulichkeit und bessere Versorgung mit Enzymen und Vitaminen weichen Sie die Samen oder Nüsse über Nacht ein, gießen das Einweichwasser weg und spülen gut durch. Durch das Einweichen werden – wie in Kap. 3.4 erwähnt – die keimhemmenden Enzymhemmer abgebaut, die auch im Körper bei der Verdauung hemmend wirken. Außerdem entstehen durch den Einweich-/Keimprozeß zahlreiche neue Enzyme und Vitamine. Bei Mandeln können Sie anschließend die Haut abziehen. Sie können verschiedene Nüsse und Samen gemeinsam einweichen, bei größeren Mengen würde ich das jedoch getrennt tun. Walnüsse weichen Sie auf jeden Fall separat ein, weil sie sonst die anderen Nüsse verfärben würden. Die im Handel erhältlichen Samen- und Nußmuse sind in der Regel aus gerösteten Zutaten hergestellt und deshalb arm an Enzymen. Der Röstvorgang zerstört allerdings auch die Enzymhemmer.

Eine beliebte Mischung sind *ein Teil Mandeln, zwei Teile enthülste Sonnenblumenkerne* und – nach Wunsch – noch $^1/_4$ *Teil Sesam.* Lassen Sie sie über Nacht ankeimen, gießen Sie das Wasser weg und pürieren Sie sie dann mit Wasser oder Gemüsesaft zur gewünschten Konsistenz. Auch *eingeweichte Cashewnüsse* eignen sich dazu sehr gut. Kleine Mengen können Sie vorteilhaft in einem großen Mörser zerreiben und dann mit Wasser pürieren.

Während Mandeln, Haselnüsse, Walnüsse, Kürbiskerne und andere 12 Stunden Einweichzeit benötigen, kommen Sie bei Sesam und Cashew mit 4–6, bei Sonnenblumenkernen mit 8 Stunden aus.

5.6
Schlemmerdressing

Folgendes von uns entwickelte Dressing kommt ohne Saures aus – ein Vorteil, weil dann die Verdauung von Stärke durch das Enzym Ptyalin des Speichels nicht behindert wird (Karotten enthalten z. B. ca. 5 % Stärke). So paßt dieses Dressing auch hervorragend zu gekochtem Vollreis (eventuell zusammen mit Gomasio – gemahlenem, geröstetem, mit Meersalz gewürztem Sesam, 9 Teile Sesam, 1 Teil Salz). Auch mit gedünstetem Gemüse harmoniert dieses Dressing hervorragend.

Quirlen Sie das Dressing tüchtig durch, damit die Zutaten gut emulgieren. Wenn Sie ein zusätzliches Aroma wünschen, empfehlen wir geriebene oder in feinste Streifchen geschnittene frische *Ingwerwurzel*. Sesam enthält viel gut verwertbares Kalzium – wenn Sie sich also vor Osteoporose fürchten, ist Sesam für Sie sehr wichtig. Sesamöl ist generell das Öl der Wahl für luftige, leichte Menschen. Denken Sie aber daran: ungemahlener Sesam wird im Körper nicht richtig verdaut – daher die Erfindung von Gomasio und Sesammus (Tahini)!

100 ccm Sesamöl

50 ccm Sahne

2 El Sesamöl von geröstetem Sesam (gibt's im Naturkostladen oder beim Chinesen)

2-3 EL Tamari oder Shoyu (Sojasauce)

5.7
Vitaldressing

Dieses völlig rohe Dressing gibt Ihnen besonders viele, gut verwertbare Vitamine, Enzyme und Mineralien und ist zugleich sehr nahrhaft.

Entsaften Sie *einige Stangen Sellerie,* und pürieren Sie dann mit diesem Saft *eine Avocado.* Schmecken Sie mit *Zitronensaft, Pfeffer* und *Kräutersalz* ab. Sie können auch noch *gehackte Kräuter* dazugeben. Die Konsistenz können Sie von einer dicken Creme bis zu einer dünnen Sauce variieren. Sie können die Avocado selbstverständlich auch mit *Wasser* pürieren.

Eine Alternative dazu stellt eine Mischung aus *Karottensaft* und *Avocado,* die Sie mit *gemahlenem Kreuzkümmel (Cumin), Pfeffer* und *Kräutersalz* würzen.

5.8
Indische Salatsauce

Diese Sauce lernte Devanando bei seinen Reisen in Nordindien am Himalayarand bei Palampur und Dharessalam kennen. Der Geschmack von Kreuzkümmel (Cumin) und Ingwer gibt ihr das besondere Aroma. Kreuzkümmel ist zwar eine Abart von unserem Kümmel, sollte allerdings nicht mit ihm verwechselt werden. Der Geschmack ist zwar verwandt, aber doch recht verschieden.

100 ccm Sesamöl

50 ccm Sahne

2 EL Zitronen- oder (besser noch) Limonensaft

$^1/_2$ Zehe gepreßter Knoblauch (nach Wunsch)

1 TL geriebene frische Ingwerwurzel

$^1/_2$ TL gemahlener Kreuzkümmel

1 TL Honig

Pfeffer und Kräutersalz nach Geschmack

Verrühren Sie sämtliche Zutaten gründlich. Garnieren Sie den Salat mit frischen *Korianderblättern (Cilantro).*

5.9
Chinesisches Dressing

Dieses Dressing eignet sich vor allem zum Marinieren von gedünstetem Gemüse, zum Beispiel hervorragend für Auberginen (vgl. Rezept 5.36), Sojasprossen, Weißkraut oder Chinakohl.

50 ccm trockener Sherry oder Reiswein

3 EL Sojasauce

50 ccm Zitronensaft

3 EL Sesamöl

3 EL Öl von geröstetem Sesam

1 Knoblauchzehe, gepreßt

50 g in feinste Streifchen geschnittene frische Ingwerwurzel

1 TL Honig

Salz nach Geschmack

Sesam zum Garnieren des Salates

Vermischen Sie alle Zutaten.

5.10
Thai-Dressing

In Thailand würzt man gerne mit Zitronenblättern, den Schalen einer speziellen Zitronenart und mit Zitronengras. Diese drei haben den Vorteil, die Sauce zitronig schmecken zu lassen, ohne zugleich sauer zu sein. Während sich das Zitronengras besonders für Suppen eignet, empfehlen wir für Dressings und Saucen besonders die Zitronenblätter, die man in Thai-Läden frisch zu kaufen bekommt und im Gefrierfach eingefroren lange aufbewahren kann. Dazu paßt auch sehr gut abgeriebene Zitronenschale. (Natürlich von unbehandelten Zitronen.) Das folgende Dressing bereiten Sie zwar warm, können es aber abgekühlt sehr gut als Salatdressing – vor allem für gegartes Gemüse – verwenden. Sie nehmen dazu eingedickte Kokosmilch (sog. Kokoscreme), die es in einschlägigen Geschäften (inzwischen sogar schon in einigen Supermärkten) zu kaufen gibt. Diese Kokoscreme hat ein herrliches Aroma und gibt den Saucen – je nachdem, wieviel Sie davon verwenden – eine cremig-sahnige Konsistenz, so daß Sie leicht auf Sahne verzichten können. Sie ist also eine echte Alternative für Leute, die ohne Milch und Milchprodukte kochen!

200 ccm Wasser

100 g Kokoscreme (oder mehr oder weniger je nach gewünschter Konsistenz)

1 TL gekörnte Gemüsebrühe

$^1/_2$ TL geriebene (oder feinst gehackte) Ingwerwurzel

$^1/_2$ TL geriebener (oder feinst gehackter) frischer Galgant und frische Gelbwurz, alternativ $^1/_2$ TL Gelbwurzpulver

$^1/_4$ TL gemahlene Kardamomkörner (die Kapseln öffnen und die Körner herausnehmen!)

1 frische Chilischote ohne die Kerne oder etwas Chilipulver (schmeckt auch ohne)

4 Zitronenblätter, in extrem feine Streifchen geschnitten

falls gewünscht: Kräutersalz, Pfeffer und Zitronensaft zum Abschmecken

Erwärmen Sie das Wasser und lösen Sie darin die Kokoscreme und die Gemüsebrühe auf. Dann geben Sie die restlichen Zutaten hinzu und lassen die Sauce abkühlen, oder gießen Sie sie sofort über gegartes Gemüse.

5.11
Freistil-Pesto

Die berühmte italienische Pesto-sauce aus Olivenöl, Knoblauch, Parmesan und Pecorino, Pinien-kernen, Basilikum, Salz und Pfef-fer sei hier durch Ihre eigene Krea-tion vertreten. Dabei bleibt die Idee gewahrt, das Thema wird aber variiert, je nachdem, was Sie bekommen können.

a) Die Grundsauce besteht aus *200 ccm kaltgepreßtem Olivenöl* und *1–2 Bund frischen Gar-tenkräutern.* Darin sollte Basili-kum enthalten sein, in Frage kommen aber auch *Petersilie, Dill, Thymian, Estragon, Salbei, Liebstöckel, Koriander* und an-dere. Mit den letzten beiden Kräutern müssen Sie vorsichtig umgehen, weil manche Men-schen sie als zu sehr dominie-rend empfinden. Eine Mi-schung macht sich sehr gut. Diese Kräuter schneiden Sie sehr fein und verrühren sie dann im Mörser mit dem Öl und schmecken nach Wunsch mit *Pfeffer* und *Kräutersalz* ab. Sie sollten eine breiartige Paste erhalten, die Sie zu Salat, gegar-tem Gemüse oder auf Nudeln verwenden können. Sogar zum Eintunken von Baguette eignet sie sich vortrefflich zu einem italienischen Salat.

b) Diese Sauce können Sie durch *gemahlene oder im Mörser zersto-ßene Nüsse, Mandeln, Sonnen-blumen-* oder *Pinienkerne* anrei-chern. Dazu können Sie auch *Nußmus* aus dem Glas verwen-den. Wenn Sie ein *Knoblauch-Fan* sind, dann quetschen Sie die gewünschte Menge davon hinein – aber Vorsicht: der Knoblauchgeschmack kommt in dieser Zusammenstellung voll zum Tragen. Als Sauce auf gegartem Gemüse schmeckt das ausgezeichnet! Sie können die Sauce auch noch mit einer kleinen Menge an fein *geriebe-nem Hartkäse* variieren. Der Käse dient dabei sozusagen als Gewürz. Die Konsistenz regu-lieren Sie mit *Olivenöl* oder mit *Wasser.* Für Nudelgerichte ist diese Sauce zwar sehr schmack-haft, aber nicht anzuraten, weil sich eine schwer verdauliche Fehlkombination ergibt.

c) Eine weitere Variante der Grundsauce erhalten Sie, wenn

Sie *einen Teelöffel Senf, eine halbe geprefte Knoblauchzehe* und *drei Eßlöffel Zitronensaft* dazuge- ben.

Pesto-Zutaten

5.12
Frisches Chutney
(Sambal)

Zum Abschluß der Dressings noch ein appetit- und verdauungsanregendes, frisches Chutney (auch Sambal genannt) in der Art, wie man es in Ceylon oder Südindien bekommt.

Zerstoßen Sie folgende Zutaten in einem großen Mörser:

---

100 g ungesüßte Kokosflocken

1–2 feinst gehackte Chilischoten mit oder ohne Kerne (je nach gewünschter Schärfe)

---

50 g frische, geriebene Ingwerwurzel

Saft von einer Zitrone oder (besser) Limone

---

1 kleine, feinst gehackte rote Zwiebel

$^1/_4$ TL Kräutersalz

Den Geschmack können Sie noch variieren, indem Sie hinzufügen:

1 Bund feinst gehackten Cilantro (frischer Koriander) oder frische Pfefferminze oder Petersilie oder 1 gepreßte Knoblauchzehe

Dieses Chutney paßt hervorragend zu Gemüse- oder Getreidegerichten. Wenn Sie in Sri Lanka (Ceylon) ausgehen und eines der lokalen Currys bestellen, bekommen Sie meist ein frisches Chutney dieser oder ähnlicher Art serviert. Es gibt Chutneys von verschiedenen (meist englischen) Firmen in reicher Auswahl, konserviert in Gläsern. Diese Chutneys und Pickles sind zwar ebenfalls appetit- und verdauungsanregend, jedoch arm an Vitalstoffen, und viele von ihnen sind sehr scharf.

Und nun zu den Salatrezepten:

Der berühmte Feinschmecker *Brillat-Savarin* schreibt in seinem Standardwerk „Physiologie des Geschmacks" – erstmals erschienen 1825 in Paris: „Salat erfrischt, ohne zu schwächen, und stärkt, ohne anzugreifen, ich pflege zu sagen, er verjüngt" (1976, S. 265).

5.13
Blattsalatkompositionen

Blattsalate wie *Kopf-, Eis-, Frisée-, Endivien-, Romana-* und *Eichblattsalat, Lollo Rosso, Radicchio, Chicorée, Rapunzel, Ruccola, Löwenzahn* etc. sollten in keinem gemischten Salat fehlen. Sie ergeben schon für sich allein, zusammen mit *Sprossen* und *Kräutern* und vielleicht ein paar *Radieschenscheiben* als Farbtupfer, einen herrlichen Salat, für den sich vor allem die Dressings 5.1, 5.2, 5.3 und 5.7 eignen. In einem solchen Salat sollten Sie besonders verschwenderisch mit Kräutern aus dem Garten oder der freien Natur umgehen. Sie brauchen diese nicht unbedingt zu hacken. Betrachten Sie sie als Hauptteil des Salates. Achten Sie besonders bei den Blattsalaten immer auf Frische.

5.14
Ratatouillesalat

Bei diesem Salat kombinieren Sie die leicht verdaulichen rohen *Gemüsefrüchte Paprika (alle Farben!), Gurken, Tomaten, Zucchini* und *Avocado*.

Wenn Sie mögen und wenn es Ihnen bekommt, garnieren Sie den Salat mit *Ringen von den süßen roten Zwiebeln* und übergießen das Ganze mit einem Dressing Ihrer Wahl, z. B. dem Dressing 5.2, 5.4 oder 5.7. Auch hier sollten Sie an *kleingehackte Wild- oder Gartenkräuter* denken. Dieser Salat ist (ohne Zwiebeln) leicht verdaulich und deshalb für die meisten Menschen auch für eine Abendmahlzeit geeignet.

5.15
Ume-Su-Salat aus Gourmet's Garden

---

1 mittelgroße Zucchini, gewürfelt

---

2 Stangen Sellerie, in Scheiben geschnitten

---

3 Tomaten, grob gewürfelt

---

1 Avocado, gewürfelt

Vermischen Sie die Zutaten, und marinieren Sie diese mit dem Gourmet's Garden Dressing 5.4.

5.16
Chinakohlsalat mit Cashewkernen

1 mittelgroßer Chinakohl, dünn geschnitten

4 Tomaten, gewürfelt

100 g Mungsprossen

50 g Cashewkerne, grob gehackt

Vermischen Sie die Zutaten, und marinieren Sie den Salat mit dem Schlemmerdressing 5.6.

5.17
Brunnenkressesalat

250 g Brunnenkresse, die Blätter von den Stengeln befreit

3 Stangen Sellerie, in Scheiben geschnitten

1 Bund Radieschen, in Scheiben geschnitten

100 g Walnüsse

Vermischen Sie die Zutaten, und marinieren Sie den Salat mit dem italienischen Dressing 5.2, wobei Sie den Balsamico-Essig durch *Himbeeressig* ersetzen. Dies ist ein besonders köstlicher, extravaganter Salat, den Sie unbedingt ausprobieren sollten. Wenn Sie sich oder Ihren Gästen einen besonderen Gaumenschmaus gönnen wollen, dekorieren Sie den Salat mit kleinen Stücken Briekäse aus Rohmilch.

5.18
Marinierte Egerlinge

500 g Egerlinge
(Braunkappen-Champignons)

100 ccm kaltgepreßtes Olivenöl

50 ccm frisch gepreßter Zitronensaft

$^1/_2$ Knoblauchzehe, gepreßt

1 Bund Petersilie

1 TL Dijonsenf

$^1/_2$ TL Kräuter der Provence

Kräutersalz

Pfeffer aus der Mühle

Schneiden Sie die Egerlinge oder Champignons je nach Größe in Viertel oder Achtel. Marinieren Sie diese mit dem Dressing, das Sie aus den übrigen Zutaten bereiten. Selbstverständlich können Sie so auch Gemüsefrüchte oder Gemüse marinieren. Sehr empfehlenswert für ein kaltes Buffet!

Wenn Sie gerne Omelett essen, schmeckt dies besonders gut mit einer Füllung aus den marinierten Egerlingen.

5.19
Salat aus Shitake-Pilzen und Rapunzel

Shitake ist ein auf Eichen und Birken wachsender japanischer Baumpilz, den Sie getrocknet beim Chinesen, aber auch frisch aus deutscher Zucht bei Ihrem Gemüsehändler erhalten. Für den hier beschriebenen Salat verwenden Sie den frischen Pilz. Shitakepilze sind sehr aromatisch.

Der Amerikaner *Dr. Kenneth Cochran* von der Universität Michigan entdeckte 1960, daß der Shitake-Pilz sehr wirkungsvolle Substanzen gegen Virusinfekte enthält, die das menschliche Immunsystem stärken. In darauf folgenden japanischen Untersuchungen stellte sich heraus, daß der im Shitake-Pilz enthaltene Stoff wesentlich wirkungsvoller ist als das starke Medikament Amantadin. Der Shitake-Pilz konnte auch mit großem Erfolg gegen Leukämie und Brustkrebs eingesetzt werden. Der Genuß von Shitake-Pilzen senkt den Cholesterinwert im Blut und mildert die Effekte, die sich aus einem hohen Verzehr von gesättigten Fettsäuren ergeben – Probleme, die vor allem Fleischesser betreffen.

---

150 g frische Shitake-Pilze, in mundgerechte Stücke geschnitten

---

150 g Rapunzel-Salat

---

150 g Weizen- oder Dinkelsprossen

---

50 g geröstete Pinienkerne

---

rohe Karottenstäbchen

Bereiten Sie auf einer Platte ein Beet aus Rapunzelsalat. Verteilen Sie darauf die Shitakepilze, die Sprossen und die Pinienkerne. Übergießen Sie den Salat mit dem chinesischen Dressing 5.9. Dekorieren Sie mit dünnen Karottenstäbchen.

5.20
Sommer-Cocktail

Die folgende ungewöhnliche Kombination aus unserem Party-service-Programm ist gut verdaulich und geschmacklich ein Erlebnis. Probieren Sie!

2 Bananen, in Scheiben geschnitten

1 große oder zwei kleine reife Mangos, entsteint und in Würfel geschnitten

3 Tomaten, halbiert und geachtelt

2 Avocados, entsteint und gewürfelt

Marinieren Sie die Zutaten mit dem Dressing 5.7. Der Salat schmeckt aber auch ohne Dressing.

5.21
Obstsalat mit Bananendressing und Pfefferminze

Wählen Sie Ihre Lieblingsfrüchte, würfeln und mischen Sie sie zu einem Obstsalat.

Dann geben Sie *eine Banane* und *einen reifen, saftigen Pfirsich* in einen Mixer und pürieren beide (evtl. mit etwas *Wasser*) zu einer Sauce, die Sie über den Obstsalat gießen. Dekorieren Sie mit *frischen Pfefferminzblättern.* Essen Sie den Salat sofort, damit die Sauce keine Zeit hat, braun zu werden.

Sie können aus den verschiedensten Früchten durch Pürieren – eventuell unter Zugabe von frisch gepreßtem Saft oder Wasser – Fruchtsaucen herstellen, die einen Obstsalat – besonders für Kinder – noch attraktiver werden lassen. Denken Sie aber daran, saures und süßes Obst nicht zu mischen. Auch Trockenobst können Sie mit einbeziehen. Probieren Sie aus, ob es Ihnen trocken oder eingeweicht am besten schmeckt.

5.22
Blattsalat mit Zitrus und Nüssen

Diese Kombination ist ebenfalls für die meisten Menschen gut verdaulich. Das bekannteste Beispiel kombiniert *Chicorée* mit *Orangen* oder *Mandarinen* und *gehackten Wal-* oder *Haselnüssen*. Als Dressing bietet sich *Schlagsahne* an. Dadurch wird der Salat allerdings schwerer verdaulich.

Eine gute Kombination sind auch *Grapefruit, Rapunzel* und *Mandeln*. Die Mandeln bzw. Nüsse sollten Sie zwecks besserer Verdaulichkeit und erhöhten Wohlgeschmacks über Nacht in warmem Wasser einweichen. Die Nüsse werden dadurch knackig und schmecken wie frisch vom Baum oder Strauch.

5.23
Karotten-Apfel-Rohkost

250 g Karotten, fein gerieben

1 reifer Apfel, geraspelt

50 g Rosinen oder Korinthen

30 g Kokosflocken

50 g gemahlener Sesam

50 ccm Sesamöl

Vermischen Sie alle Zutaten.

Es gibt eine ganze Reihe von jüngeren medizinischen Untersuchungen, die nachweisen, daß Karotten vielfältige Wirkungen auf den menschlichen Organismus haben. Das in Möhren (20 mg pro 100 g) enthaltene Beta-Carotin (Provitamin A), das aus gekochten Karotten übrigens besser aufgenommen werden kann als aus rohen, ist das beste Mittel, um Lungenkrebs zu verhindern. Allerdings sollten Sie gleichzeitig das Rauchen einstellen. Wenn Sie täglich eine Karotte essen, dann verringert sich das Lungenkrebsrisiko zwar sehr beträchtlich, wenn Sie jedoch eifrig weiter rauchen, dann können Sie auch durch reichlich Karotten und Spinat (siehe S. 131) nur eine Linderung erwarten. Auch Pankreaskrebs wird durch Karotten verhindert. Weiterhin senken rohe Karotten den Cholesterinspiegel im Blut und vergrößern das Stuhlvolumen im Darm und verhindern so Verstopfung (*Carper*, S. 240 ff.).

5.24
Rote-Bete-Apfel-Salat

Dies ist ein köstlicher Salat aus Dänemark – einer unserer Favoriten!

250 g rote Bete, geraspelt

2 Äpfel, geraspelt

125 ccm saure Sahne

50 g Sonnenblumenkerne

1 EL Honig

Vermischen Sie Äpfel und rote Bete mit der sauren Sahne. Geben Sie den Salat dann auf Portionsteller. Rösten Sie dann die Sonnenblumenkerne auf einem kleinen, trockenen Pfännchen leicht an, nehmen das Pfännchen vom Feuer und geben den Honig dazu, der sich in der Wärme verflüssigt und die Sonnenblumenkerne umhüllt. Diese Mischung geben Sie dann noch warm über die Salatportionen.

Der Salat entspricht nicht völlig den in Kapitel 2.5 angegebenen Kombinationsregeln, ist jedoch so köstlich, daß wir ihn Ihnen nicht vorenthalten möchten. Wenn Sie darauf achten, daß Sie gut kauen, werden Sie damit zurechtkommen. Rote Bete ist ein guter Vitamin-C- und Eisenlieferant.

5.25
Frischer Spinatsalat mit Avocado und Pilzen

250 g frischer Spinat, mundgerecht zerzupft oder geschnitten

100 g Egerlinge, in Scheibchen geschnitten

3 Tomaten, gewürfelt

1 Avocado, gewürfelt

Marinieren Sie die Zutaten mit dem italienischen Dressing 5.2.

Da auch Spinat (wie Karotten) erhebliche Mengen an Beta-Carotin enthält, senkt auch er das Lungenkrebsrisiko beträchtlich, wenn man täglich etwa 100 g davon ißt. Es gibt mindestens elf internationale Untersuchungen, die dies bestätigen. Spinat verhindert die Bildung von besonders krebserzeugenden Stoffen, der Nitrosamine, sehr wirkungsvoll. Dabei spielt auch sein reicher Chlorophyllgehalt eine große Rolle. Von den fünf in einer italienischen Studie getesteten Lebensmitteln war Spinatsaft vor Karotten, Blumenkohl, Kopfsalat und Erdbeeren am wirkungsvollsten bei der Krebsverhütung und Regenerierung der Lunge nach Beendigung des Rauchens.

5.26
Topinambur-Mandel-Creation

Topinambur ist eine mit der Sonnenblume verwandte Pflanze mit kleinen eßbaren Wurzelknollen, in denen bis zu 16% Inulin enthalten ist, ein Kohlehydrat, das aus Fruktose aufgebaut ist und deshalb auch für Zuckerkranke verträglich ist. Topinambur kam um 1600 herum aus Amerika zu uns und wurde später durch die Kartoffel verdrängt. In Baden wird er nach wie vor angebaut. Sie erhalten ihn im Naturkosthandel. Die Pflanze ist winterhart, d. h. Sie ernten immer nur so viel von der Knolle, wie Sie gerade benötigen, denn sie ist nicht lagerfähig. Wenn Sie Topinambur wie Kartoffeln in Wasser kochen, so gehen der Fruchtzucker und die meisten Aromastoffe ins Kochwasser über und hinterlassen etwas fade schmeckende Knollen. Sie sollten Topinambur deshalb nur leicht dünsten oder roh als Salat essen.

250 g Topinambur, grob geraspelt

100 g über Nacht eingeweichte und dann grob gehackte Mandeln

1 Bund Radieschen, in Scheibchen geschnitten

$^1/_4$ Bund Petersilie, fein gehackt

Marinieren Sie den Topinambursalat mit dem Schlemmerdressing 5.6 oder nur mit Öl und Zitrone und garnieren Sie mit Petersilie.

Topinambur

5.27
Romanasalat-Röllchen mit Sprossen und Avocadomus

1 Staude Romanasalat, in einzelne Blätter zerlegt

200 g frische Sprossen, z. B. Alfalfa und Linsen

2 Avocados

frische gemischte Küchenkräuter, fein gehackt

Saft von $^1/_2$ Zitrone

Pfeffer

Kräutersalz

Bereiten Sie aus den letzten fünf Zutaten mit einer Gabel ein Avocadomus, legen Sie einen Eßlöffel davon zusammen mit Sprossen auf ein Blatt Romanasalat und rollen Sie dieses der Breite nach zusammen. Sie tun dies am besten während des Essens, so daß Sie die fertigen Röllchen sofort in den Mund schieben können. Wenn Sie die Röllchen vorbereiten wollen, müssen Sie sie sehr eng aneinanderlegen, damit sie nicht aufrollen. Oder Sie sichern sie mit einem Zahnstocher. Romanasalat ist besonders knackig und kontrastiert herrlich mit dem cremigen Geschmack der Avocados.

5.28
Rettich mit Hüttenkäse und Rosenpaprika

Dieser ungewöhnliche Salat ist wohlschmeckend und sättigend und eignet sich auch als Zwischenmahlzeit.

250 g Hüttenkäse

1 großer Rettich, grob geraspelt

Rosenpaprika

Pfeffer

Kräuter

evtl. Kräutersalz

Vermischen Sie Hüttenkäse und Rettichraspeln, und würzen Sie mit Paprika, Pfeffer und Salz (nach Geschmack). Garnieren Sie den Salat mit frischen Kräutern.

5.29
Kraut italienisch

500 g junges, zartes Weißkraut, sehr fein gehobelt

$1/2$ TL gemahlener Kümmel

$1/2$ TL gemahlener Fenchel

Marinieren Sie die Zutaten mit dem italienischen Dressing 5.2. Stampfen Sie den Salat mit einem Kartoffelstampfer. Lassen Sie ihn zugedeckt ein paar Stunden ziehen. Sie können ihn aber selbstverständlich sofort essen, wenn es Ihnen mehr auf Inhaltsstoffe als auf Geschmack ankommt. Der Kümmel schränkt die bei Weißkraut häufig auftretenden Blähungen ein.

Weißkraut hat wie alle Kohlsorten erhebliche medizinische Wirksamkeit. Ob roh, gekocht oder als Sauerkraut gegessen, vermindert Kraut ganz beträchtlich die Gefahr, Krebs (besonders Darmkrebs) zu bekommen. Dies wurde in einer Reihe von modernen wissenschaftlichen Untersuchungen zweifelsfrei nachgewiesen, wie *Carper* ausführlich schildert. Weiterhin ist die heilende Wirkung von rohem Krautsaft auf Magengeschwüre außerordentlich. Wenn Sie täglich einen viertel Liter frisch gepreßten Weißkrautsaft trinken, dann sind Sie nach rund drei Wochen mit sehr hoher Wahrscheinlichkeit Ihre Magengeschwüre los. Außerdem stärkt Kraut das Immunsystem und vernichtet Bakterien und Viren.

5.30
Salad-e-Sabzi

„Selbst die Fossilien in den Gesteinen träumen von frischen Kräutern." Dieses persische Sprichwort und der Name „Sabzi" für Grünzeug und Kräuter haben mich zu dem folgenden Rezept angeregt.

1 Eissalat, grob geschnitten

1/2 Bund glatte Petersilie, von den Stengeln befreit

1/2 Bund Pfefferminze, von den Stengeln befreit

1/2 Bund Kerbel, von den Stengeln befreit

1 Bund Wasserkresse, von den Stengeln befreit

1 Bund Radieschen, in Scheiben geschnitten

1 kleine Gurke, gewürfelt

3 Tomaten, gewürfelt

2 Frühlingszwiebeln, fein geschnitten, oder 1 rote Zwiebel, in feine halbe Ringe geschnitten

Mischen Sie den Salat, und marinieren Sie ihn mit der Vinaigrette 5.1. Überstreuen Sie den Salat mit einigen Eßlöffeln *Gomasio* (s. Rezept 5.5).

5.31
Französischer Grüne-Bohnen-Salat

Salatzutaten:

---

500 g grüne Bohnen, geputzt, al dente gedämpft und mit kaltem Wasser kurz abgeschreckt (damit die Farbe frisch bleibt)

---

4 Tomaten, klein gewürfelt

---

10 grüne Oliven, entsteint und in Scheibchen geschnitten

---

1 EL klein gehackte Petersilie

---

1 EL klein gehackter Schnittlauch

---

1 EL klein gehackter Dill

---

1 Peperoncini (Chili), je nach gewünschter Schärfe mit oder ohne Kerne, fein gehackt

---

Dressing:

---

100 ccm kaltgepreßtes Olivenöl

---

50 ccm Balsamico-Essig

---

1 EL Dijonsenf

---

ein Hauch Knoblauch

Kräutersalz

Pfeffer aus der Mühle

---

gestiftelte Mandeln

Vermischen Sie die ersten sieben Zutaten. Marinieren Sie den Salat mit dem Dressing. Dekorieren Sie mit einer Handvoll gestiftelter Mandeln.

5.32
Brokkoli-Sojasprossen-Salat

350 g Brokkoliröschen, al dente gedämpft oder roh

200 g Mungsprossen

1 rote Paprikaschote, klein gewürfelt

Marinieren Sie den Salat mit dem Gourmet's Garden Dressing 5.4 oder einem anderen Dressing.

5.33
Borani Esfanaj

Eine Köstlichkeit aus Iran, dem alten Persien, und zwar von der im Norden gelegenen Südküste des Kaspischen Meeres, wo auf Terrassen Reis und Tee gedeihen und Spinat und Pfefferminze wie Unkraut wuchern.

---

150 g Naturyoghurt

---

500 g Spinat, ausgelesen, gewaschen und, falls nötig, etwas zerkleinert

---

2 kleine Zwiebeln, sehr fein gehackt

---

2 EL kaltgepreßtes Pflanzenöl

---

1 Zehe Knoblauch, sehr fein gehackt

Kräutersalz

Pfeffer

---

¹/₄ Bund Pfefferminze, fein gehackt

---

1 TL Ghee
(Butterfett, Butterschmalz)

---

¹/₂ TL Kurkumapulver (Turmerik, Gelbwurz, Haldi)

Geben Sie den Yoghurt in ein Geschirrtuch oder sehr feines Sieb, und lassen Sie 2–3 Stunden lang (oder über Nacht) die Flüssigkeit abtropfen.

Braten Sie die Zwiebeln in Öl, bis sie anfangen zu bräunen, und geben Sie dann den Knoblauch hinzu. Nach einer halben Minute geben Sie den Spinat in die Pfanne und braten unter ständigem Wenden ganz kurz – nur so lange, bis der Spinat zusammenfällt. Geben Sie den Spinat zum Auskühlen sofort in eine Schüssel. Wenn er kühl ist, mischen Sie Salz und Pfeffer, die Pfefferminze und den Yoghurt vorsichtig darunter – es soll kein Brei entstehen! Erhitzen Sie das Butterfett in einem Pfännchen und geben das Kurkumapulver dazu. Verteilen Sie das Gemisch dann auf dem Salat.

5.34
Spinatsalat mit Ume-Su

500 g Spinat, ausgelesen, gewaschen und falls nötig etwas zerkleinert

100 g Sonnenblumenkerne

1 EL Sonnenblumenöl

$^1/_2$ Zehe Knoblauch, fein gewiegt

Pfeffer

Ume-Su

Zitronensaft

Rösten Sie die Sonnenblumenkerne auf der trockenen Pfanne ein wenig an. Geben Sie dann das Öl und den Knoblauch dazu und kurz darauf auch den Spinat. Braten Sie ihn nur so lange, bis er zusammenfällt (das geht sehr schnell). Geben Sie ihn in eine Schüssel, und würzen Sie mit Pfeffer, einem oder mehr Eßlöffeln Ume-Su und Zitronensaft. Servieren Sie sofort. Eine herrliche Vorspeise aus dem früheren Restaurant Keyno in München.

5.35
Gemüsesalat Bangkok

Die Thai-Küche zeichnet sich durch besondere Bekömmlichkeit und Leichtheit aus, besonders natürlich bei ihren vegetarischen Gerichten. Wenn Sie das eine oder andere Gemüse nicht erhalten, ist das kein Problem. Sie können frei improvisieren, Hauptsache, Sie erreichen den typischen Thai-Geschmack der Sauce 5.10.

150 g Brokkoli- oder Blumenkohlröschen, al dente gedämpft oder roh

150 g Okra, je nach Größe in zwei oder drei Stückchen geschnitten, kurz gebraten oder roh

2 Karotten, in längliche Stückchen geschnitten, al dente gedämpft oder roh

eine rote Paprikaschote, in Stückchen geschnitten

eine gelbe Paprikaschote, in Stückchen geschnitten

150 g grüne, rohe Erbsen (evtl. aus dem Tiefkühlfach)

Vermischen Sie alle Zutaten. Marinieren Sie mit dem Thai-Dressing 5.10. Garnieren Sie den Salat mit *Tomatenvierteln/-achteln* und *Zitronenscheiben.*

5.36
Chinesisch marinierte Auberginen

Dieser Salat ist so richtig typisch für die chinesische Küche. Manche unserer Kunden in Gourmet's Garden sind süchtig danach und bestellen ihre Ration im voraus.

Schälen Sie *500 g Auberginen,* und vierteln Sie sie der Länge nach.

Garen Sie sie auf einem Einsatz über Wasserdampf in einem großen Topf. Schneiden Sie die Auberginen in ca. 5 mm dicke Streifen, und marinieren Sie sie mehrere Stunden im chinesischen Dressing 5.9. Streuen Sie zur Garnierung *Sesamkörner* darüber.

5.37
Auberginenröllchen mit Kräuterquark und frischer Tomatensauce

500 g Auberginen

250 g Kräuterquark

diverse gemischte Küchenkräuter

Pfeffer

Kräutersalz

1 Bund Basilikum

Schneiden Sie die Auberginen der Länge nach in fingerdicke Scheiben. Garen Sie sie auf einem eingefetteten Blech im Backofen bei

190°. Inzwischen verrühren Sie den Quark mit den fein gewiegten Kräutern und schmecken mit Pfeffer und Salz ab. Geben Sie 1–2 Eßlöffel Quark auf die abgekühlten Auberginenscheiben und rollen Sie sie auf. Stellen Sie die Röllchen in eine flache Form. Garnieren Sie jedes mit einem Blatt Basilikum. Sehr lecker schmeckt es auch, wenn Sie zusätzlich unter das Basilikumblatt noch eine kleine Scheibe *Mozarella* legen. Die Röllchen schmecken sehr gut als Vorspeise, mit warmer Tomatensauce (Rezept 6.15), aber auch als Hauptgericht.

5.38
Ali Babas Wurzelsalat

1–2 Knollen Gemüsefenchel, al dente gedünstet oder roh und in mundgerechte Stückchen geschnitten

2–4 Pastinaken oder Petersilienwurzeln (je nach Größe), weich gedünstet und in mundgerechte Stücke geschnitten oder roh geraspelt

2–4 Karotten (je nach Größe), weich gedünstet und in mundgerechte Stücke geschnitten oder roh geraspelt

Vermischen Sie die Zutaten, und marinieren Sie sie mit dem Schlemmerdressing 5.6. Garnieren Sie den Salat mit *Liebstöckel*. Sie werden begeistert sein! Sie können das gedünstete Gemüse auch mit der Tomatensauce (Rezept 6.15) als warmes Gericht servieren.

5.39
Indischer Kohlrabisalat

200 g junge, zarte Kohlrabi, grob geraspelt oder al dente gedämpft und in mundgerechte Stücke geschnitten

200 g junge, zarte Karotten, grob geraspelt oder al dente gedämpft und in mundgerechte Stücke geschnitten

Vermischen Sie beide Gemüse, und marinieren Sie den Salat mit dem indischen Dressing 5.8. Garnieren Sie mit *frischem Koriander oder Petersilie*. Statt Kohlrabi macht sich auch *Knollensellerie* in diesem Salat sehr gut.

5.40
Bohnensalat Yukatan

150 g rote Nierenbohnen, über Nacht eingeweicht und anschließend weich gekocht. Das Einweich- und Kochwasser gießen Sie jeweils weg, lassen die Bohnen aber im Kochwasser langsam abkühlen, damit sie nicht aufplatzen

1 rote Zwiebel, in feine Ringe geschnitten

50 g grüne Oliven, grob gehackt

2 Tomaten, in kleine Stückchen geschnitten

1 kleine Gurke, in Würfel geschnitten

1 gelbe Paprikaschote, in Würfel geschnitten

100 g frische Maiskörner (wenn möglich)

Vermischen Sie den Salat, und marinieren Sie ihn mit der Freistil-Pesto-Version 5.11 a).

Wenn Sie mögen, können Sie auch kleine Würfel von *Schafskäse* (100 g) oder zwei *hartgekochte, gehackte Eier* in den Salat geben.

6 Gemüsegerichte und Saucen

„Eine gute Sauce ist wie ein hauchzartes Negligé. Sie umgibt das Gemüse, ohne es zu verhüllen. Sie erhöht den Reiz und schmeichelt den Sinnen." Diesen Ausspruch eines unbekannten Lebenskünstlers möchten wir diesem Kapitel voranstellen und damit zum Ausdruck bringen, daß Saucen – wenn sie leicht und richtig gewürzt sind – wichtige Aufgaben zu erfüllen haben. Nur ein freudloser Puritaner vermag sie und die Salatdressings von unseren Speisekarten zu verbannen – und das mit höchst zweifelhaftem Erfolg!

Saucen befriedigen

In Deutschland sind Saucen besonders beliebt. Wenn wir in unserem Imbiß „Gourmet's Garden" ab und zu ein Mittags-Hauptgericht ohne Sauce anbieten, dann kommen bestimmt einige Gäste und fragen nach einer Sauce. Es liegt uns fern, alles mit Saucen verkleistern zu wollen oder die Sauce zu einem Mittel zu degradieren, nach dem man verlangt, damit das Gericht „besser rutscht". Nein – eine gute Sauce hat durchaus noblere Berechtigung. Sie dient dazu, daß die Gewürze sich gleichmäßig auf das Gemüse oder die Getreideprodukte verteilen und alles harmonisch zusammenklingt. Wir würzen ja nicht nur wegen der medizinischen Eigenschaften der Gewürze. Dann könnte man ja, wie das gelegentlich empfohlen wird, die Gewürze in Kapseln vor dem Essen schlucken. Wir würzen auch wegen des Wohlgeschmacks der Saucenkomposition und erreichen unter anderem damit erst die rechte Befriedigung. Denken Sie daran, daß die Wirkung einer Mahlzeit auf den Organismus wesentlich von der Befriedigung abhängt, die von der Speise ausgeht. Außerdem enthält eine gute Sauce ja auch wertvolle nährende Substanzen – wenn sie aus guten Zutaten frisch und schonend bereitet wird. Das ist bei käuflichen Halbfertig- und Fertigsaucen und bei solchen in den meisten Restaurants nicht der Fall. Hier feiert die Chemieküche Triumphe, Convenience-(Bequemlichkeits-)Produkte sind an der Tagesordnung.

Saucen schmeicheln

Eine gute Sauce soll die Speisen nicht verhüllen, sie soll ihnen schmeicheln. Wenn man Ihr Gemüse in Mehlpampe ertränkt oder Ihre Spaghetti in Ketchup, dann lassen Sie das Gericht wieder zurückgehen. Das haben Sie nicht verdient! Die Konsistenz der Sauce soll jedoch so sein, daß sie am Gemüse oder an den Nudeln haftet. Sie darf nicht wie Wasser ablaufen – sonst schmeichelt sie nicht den Sinnen. Das bedeutet, daß das „himmlische Sößchen" cremig sein muß. Wenn Sie gute Kochbücher zu diesen Fragen konsultieren, dann werden Sie lesen, daß man Saucen aus einem Bratenfond durch Ablöschen und Eindicken bereitet. Die Italiener lieben es, ihre Tomatensaucen lange Zeit zu kochen und dadurch zu konzentrieren. Langes Kochen und Eindicken ist allerdings nicht in unserem Sinne. Einmal ist uns die Zeit zu schade, und zum anderen wissen Sie, daß bei langem Kochen Inhaltsstoffe verlorengehen und neue, womöglich schädliche Stoffe entstehen. Die Saucen, die wir Ihnen vorschlagen, sind schnell herzustellen und leicht verdaulich. Dicke Bechamel-Saucen und wuchtige Gratins mit Käsesaucen sind nicht unser Fall. Solche Rezepte müssen Sie in anderen Kochbüchern suchen. Wir wollen ja auch nicht in erster Linie Sauce, sondern Gemüse essen!

Sämige Saucen

Nach dem Eindicken, Einkochen ist die klassische Methode, eine Sauce anzudicken, die Mehlschwitze. Aber wenn Sie unbedingt mit Mehl andicken wollen, dann genügt es häufig, wenn Sie eine kleine Menge Vollkornmehl über der Sauce mit dem Schüttelsieb verteilen und dabei rühren und kurz aufkochen lassen. Eine andere Methode ist die, aus Butter und fein gemahlenem Vollkornmehl (etwa aus Dinkel) eine homogene Masse zu kneten. Daraus formen Sie dann kleine Klößchen, die Sie zum Andicken in die Sauce geben können. Die Gefahr des Klumpens besteht dabei nicht. Sie müssen aber kurz aufkochen, damit es nicht nach Mehl schmeckt. Sie können die Klößchen auf Vorrat herstellen und im Kühlschrank aufheben. Zum Andicken eignet sich auch die fein gemahlene japanische Kuzu- und die Pfeilwurzel. Von der Verwendung von Stärke (z. B. Mondamin etc.) raten wir ab, desgleichen von Tomatenmark, weil es so sauer ist. Viel besser, leichter und geschmackvoller sind folgende Mittel:

– Braten Sie reichlich kleingehackte Zwiebeln an, die Sie – wenn sie anfangen, braun zu werden – mit Wasser ablöschen und ganz weich köcheln lassen. Wenn Sie die Mischung dann mit dem Pürierstab bearbeiten, erhalten Sie eine schöne sämige Sauce.

– Generell eignet sich püriertes, gekochtes Gemüse gut zum Andicken, vor allem die aromatischen Wurzelgemüse wie Karotten, Pastinaken, Petersilienwurzeln, Sellerie, aber natürlich auch Kartoffeln.

– In Currygerichten macht sich ein pürierter Apfel gut.

– Gut geeignet sind auch Erdnuß-, Mandel- und andere Nußmusarten.

– Vor allem aber ist Sahne eine wahre Wohltat in einer Sauce, wobei wir die süße Sahne bevorzugen.

– Besonders aus indischen Gerichten ist bekannt, daß man eine Sauce auch sehr gut mit Linsen-, Erbsen- oder Bohnenpüree andicken kann. Solche Gerichte heißen dort „Dhansak".

– Für alle Leute, die Milchprodukte meiden müssen oder wollen, empfehlen wir eingedickte Kokosmilch, die Sie in Südostasienläden und inzwischen auch in großen Supermärkten in meist grünen 200-g-Päckchen zum Preis zwischen DM 1,50 und 2,50 aus ceylonesischer oder englischer Produktion erhalten. Die dicke Kokosmilch ergibt herrlich aromatische Saucen. Dünnere KoKosmilch gibt es auch in Dosen; durch Überbrühen von Kokosflocken mit kochendem Wasser und anschließendes Auspressen durch ein Geschirrtuch können Sie notfalls auch selbst Kokosmilch herstellen. Diese ist dann allerdings nicht besonders dick.

Zwiebeln und Gemüsebrühe geben Geschmack
Es wird Ihnen auffallen, daß sehr viele der folgenden Gerichte damit beginnen, daß Sie Zwiebeln anbraten sollen. Dies ist aus geschmacklichen Gründen vorteilhaft. Wenn Sie jedoch Zwiebeln oder gar das Anbraten vermeiden wollen, weil Sie Zwiebeln nicht vertragen oder weil Sie erhitztes Fett vermeiden wollen, dann können Sie auch immer ohne die Zwiebeln und das Anbraten auskommen. Sie dämpfen dann das betreffende Gemüse und übergießen es mit der Sauce. Erhitztes Fett ist immer schwerer verdaulich als kaltbelassenes Fett. Je höher und je länger Fett erhitzt wird, um so schädlicher wird es. Deshalb ist Frittierfett so belastend. Fett darf niemals so hoch erhitzt werden, daß es anfängt, sich zu zersetzen und zu rauchen. Falls Ihnen dies einmal passieren sollte, so schütten Sie das Fett weg, reinigen die Pfanne und beginnen von vorne. Kokosfett ist am hitzestabilsten (vgl. *Weise*, 1980, S. 179 f.).

Eine gewisse Schwierigkeit besteht darin, daß bei Gemüsegerichten kein Bratenfond anfällt, der der Sauce Geschmack geben könnte. Natürlich können Sie – wie in manchen Büchern beschrieben – Gemüsereste verkochen und den Sud, eine Gemüsebrühe, als Saucengrundlage verwenden. Im Privathaushalt der schnellen Küche ist das zu aufwendig. Greifen Sie ruhig zu den gekörnten oder in Würfel gepreßten Gemüsebrühen, die Sie im Reformhaus oder Naturkostladen erhalten. Zwei Probleme gibt es dabei aber zu beachten. Erstens enthalten viele dieser Produkte – wie auf der Zutatenliste pflichtgemäß erwähnt – „Würzmittel". Dahinter verbirgt sich ein Produkt der Chemieküchen von zwei großen, allbekannten Lebensmittelkonzernen, das man in billigen Gaststätten pur in viereckigen Fläschchen auf den Tischen findet. In diesem Würzmittel finden sich Spuren von kanzerogenen Stoffen, die zu einer gesunden Ernährung nicht passen. Schauen Sie also bitte genau auf das Etikett. Außerdem enthalten viele dieser Produkte Hefe. Diese ist für all die bedauernswerten Zeitgenossen, die an einer Candidapilzbesiedlung ihres Magens und Darmes leiden, nicht angebracht. Achten Sie auch deshalb aufs Etikett. Für gesunde Menschen sind Hefeflocken, die man übers Essen streut oder die man in der Sauce zur Geschmacksverbesserung verwendet, nicht unbedingt zu verdammen – wie manche Autoren das tun. Sie enthalten immerhin eine ganze Reihe guter Inhaltsstoffe, z. B. Vitamine des B-Komplexes.

Sojasauce: Shoyu und Tamari

Zur Geschmacksabrundung bietet sich natürlich auch Sojasauce an. Unter dem Namen Shoyu firmiert ein Produkt aus fermentierten Sojabohnen und Weizen, unter Tamari ein geschmackvolleres nur aus Soja. Sojasauce würzt gut, enthält aber reichlich Salz – also Vorsicht. Und vor allem: Kaufen Sie eine Sojasauce guter Qualität aus dem Naturkostladen. Die billigen Sojasaucen enthalten viel Chemie. Sie sind nicht mehr traditionell hergestellt und gereift. Statt normalem Kochsalz bietet sich das in Reformhäusern und Naturkostläden erhältliche Kräutersalz an, das rund 15% getrocknete, gemahlene Kräuter enthält. Und noch etwas: Würzige Kräuter können zwar den Salzbedarf senken, wenn Sie eine Sauce aber zu scharf machen, dann verlangen die Geschmacksknospen nach mehr Salz, damit sie außer Schärfe überhaupt noch etwas anderes schmecken. Deshalb sind scharfe Speisen in zum Beispiel indischen Restaurants in der Regel auch sehr salzig. Sie merken das nur nicht sofort.

Die indonesische, thailändische, chinesische und japanische Küche verwendet gerne Natriumglutamat (Ajinomoto). Dies ist ein Geschmacksverstärker, der zwar wie gewünscht wirkt, aber bei manchen Menschen das sogenannte „Chinarestaurant-Syndrom" hervorruft, das mit einigen Stunden höchst unangenehmer Symptome wie Herzjagen, Schwindel, Hitzewallungen, Übelkeit u.ä. verbunden ist. Es kann sich aber auch ganz einfach durch eine an das Mahl anschließende schlaflose Nacht äußern. Dieser Geschmacksverstärker findet sich auch (kennzeichnungspflichtig) in vielen Halbfertig- und Fertigprodukten der Lebensmittelindustrie, die auf ihn nicht verzichten mag, da das natürliche Aroma der Zutaten durch die zahlreichen Manipulationen in der Regel stark gemindert wird. Unnötig zu sagen, daß Sie Glutamat meiden sollten.

Und nun zu einzelnen Rezepten. Sie sind für 3–4 Personen berechnet.

Devanando O. Weise / Jenny Frederiksen

6.1
Mittelmeergemüse mit Ofenkartoffeln

Erinnern Sie sich noch an das kleine Gartenlokal auf Ischia, wo man bis in die Nacht hinein im lauen Südwind saß und nach einem einfachen, aber köstlichen Mal einen dunklen Roten genoß? Mit dem folgenden Rezept können Sie das auf Ihrer Gartenterrasse nachvollziehen. Laden Sie ein paar Freunde dazu ein. Sie können das Gericht gut vorbereiten, und die Gäste können sich selbst bedienen und vergnügt schmausen. Servieren Sie dazu noch einen bunten Blattsalat (Rezept 5.13) mit Gurken und Tomaten und italienischem Dressing (Rezepte 5.2 oder 5.11a).

---

1 mittelgroße Zucchini, in Scheiben geschnitten

---

1 mittelgroße Aubergine, in Scheiben geschnitten

---

eine rote Paprikaschote, in breite Streifen geschnitten

---

eine grüne Paprikaschote, in breite Streifen geschnitten

---

eine gelbe Paprikaschote, in breite Streifen geschnitten

---

250 g mittelgroße Egerlinge (Braunkappen-Champignons)

---

10 mittelgroße Kartoffeln, gut gewaschen und längs halbiert und quer eingekerbt

---

Olivenöl

Pfeffer

Kräutersalz

Oregano

Kümmel

Kreuzkümmel

Oliven

Basilikum

Breiten Sie die Zuchini, die Aubergine, die Paprikaschoten und die Kartoffeln auf eingeölten Blechen aus, bepinseln Sie sie mit Öl und garen Sie das Gemüse im Backofen bei 190°. Bedenken Sie dabei, daß die Kartoffeln eine längere Garzeit benötigen (etwa 30 bis 40 Minuten) – geben Sie ihnen also einen Vorsprung. Wenn das Gemüse aus dem Ofen kommt, würzen Sie es mit Pfeffer und Salz, die Zucchini zusätzlich mit Oregano, die Auberginen mit Kreuz-kümmel und die Kartoffeln mit Kümmel. Richten Sie das Gemüse und die Kartoffeln auf einer Platte an. Garnieren Sie mit Oliven und Basilikumblättchen. Halten Sie Olivenöl und/oder Butter bereit, falls das Gericht als zu trocken empfunden wird.

6.2
Provençalisches Grüne-Bohnen-Gemüse

Dieses Gericht haben wir bei provençalischen Bauern in der Nähe der Gorge du Verdon kennengelernt. In diesem vom Duft der Lavendelpflanzen geschwängerten, himmlischen Stückchen Erde weiß man noch, wie man mit einfachsten Zutaten köstlich kocht und vor allem, daß es darauf ankommt, daß man in Ruhe und mit Muße speist und verdaut. Es kommt nicht nur auf das Was, sondern sehr wesentlich auch auf das Wie des Essens an!

---

1 mittelgroße Zwiebel, fein gehackt (nach Wahl)

---

1 EL Olivenöl oder Butterfett

---

400 g grüne Bohnen, geputzt und gebrochen

---

eine rote Paprikaschote, gewürfelt

---

eine gelbe Paprikaschote, gewürfelt

---

250 g Tomaten (möglichst Eiertomaten), gewürfelt

---

1 TL gekörnte Gemüsebrühe

$^1/_2$ TL getrocknetes Basilikum oder einige Zweige frisches Basilikum, fein gehackt

---

$^1/_2$ TL getrocknetes Bohnenkraut oder einige Zweige frisches Bohnenkraut, fein gehackt

---

Kräutersalz

Pfeffer aus der Mühle

---

250 ccm saure Sahne

Braten Sie die Zwiebel in Öl oder Butterfett an. Dann geben Sie die Bohnen, die Paprikaschoten und soviel Wasser in den Topf, daß der Boden davon ca. 1–2 cm bedeckt ist. Legen Sie den Deckel auf, und lassen Sie das Gemüse bei kleiner Flamme al dente garen. Dann geben Sie die Tomaten, die gekörnte Gemüsebrühe und die Gewürze hinzu, nehmen den Topf vom Feuer und rühren schließlich, wenn das Gericht ein wenig abgekühlt ist, die saure Sahne hinein. Schmecken Sie ab. Garnieren Sie mit frischen Kräutern, und servieren Sie sofort. Die saure Sahne sollte nicht aufkochen, da sie sonst gerinnt.

154

6.3
Rustikaler Rote-Bete-Schmaus

Dieses einfach-rustikale, erdige Gericht paßt zu gescheuerten Holztischen, langen Bänken, Natursteinwänden, irdenen Bechern und Krügen mit Most und dem Schäferhund vor dem Kamin. Es ist ein Gaumenschmaus für alle, die das Deftige lieben.

400 g Rote Bete, geschrubbt und in mundgerechte, längliche Stücke geschnitten

250 g Zwiebeln, grob gehackt

50 ccm Sesamöl

Kümmel

Fenchel

Pfeffer

Kräutersalz

frischer Liebstöckel (ersatzweise ein anderes frisches Küchenkraut Ihrer Wahl)

2–3 EL saure Sahne

Gomasio

Braten Sie die Zwiebeln in einem Wok oder Topf mit breitem Boden an, bis sie glasig sind. Dann geben Sie die Rote Bete hinzu, legen den Deckel auf und lassen bei niedriger Hitze und gelegentlichem Umrühren langsam dünsten, bis die Beten so weich sind, wie Sie sie mögen. Während des Garungsvorganges sollten Sie schon im Mörser leicht gestoßenen Kümmel und Fenchel und den Pfeffer aus der Mühle hinzugeben. Schmecken Sie am Schluß mit Kräutersalz ab. Garnieren Sie das Gericht mit Liebstöckel und einem Klacks saure Sahne (wenn Sie mögen). Halten Sie Gomasio zum individuellen Gebrauch bereit. Reichen Sie als Beilage gequollenen Buchweizen, den Sie nach Wunsch mit etwas Butter verfeinern können.

6.4
Gourmet's Brokkoligemüse

Dieses Gericht haben wir in Gourmet's Garden viele hundertmal gekocht, wobei wir allerdings noch gebratene Tofuwürfel hineingaben. Die Gäste waren immer ebenso begeistert wie wir.

250 g Zwiebeln, grob gehackt (nach Wahl)

50 ccm Sonnenblumenöl

eine rote Paprikaschote, gewürfelt

eine grüne Paprikaschote, gewürfelt

eine gelbe Paprikaschote, gewürfelt

2 Stauden Brokkoli, in Röschen zerlegt, den Strunk gewürfelt

250 ccm Sahne

1 TL gekörnte Gemüsebrühe

Kräutersalz

Pfeffer

Kurkuma

frische Kräuter: Dill, Schnittlauch, Petersilie, fein gehackt

2 Tomaten

Braten Sie die Zwiebeln im Öl an, bis sie glasig sind. Geben Sie die Paprikaschoten, den Brokkoli und etwas Wasser dazu, legen Sie den Deckel auf und lassen bei niedriger Hitze und gelegentlichem Umrühren langsam dünsten, bis das Gemüse Ihren Vorstellungen entspricht. Dann geben Sie die Sahne und die Gemüsebrühe hinzu, erhitzen etwas und schmecken mit den drei Gewürzen mild ab. Geben Sie das Gericht in eine Servierschüssel, mischen Sie dann die Kräuter unter. Dekorieren Sie mit unzerschnittenen Kräutern und einigen Tomatenvierteln/-achteln. Dazu essen wir am liebsten Pellkartoffeln.

6.5
Herbstliches Gemüsepotpourri

Viele lieben dieses Gericht, weil es sie so sehr an Mutters Küche erinnert und dadurch besonders befriedigt. Durch die angebratenen Zwiebeln, die Gemüsebrühe und das Aroma der Wurzelgemüse erhalten Sie einen intensiven Geschmack, der entfernt an Fleischgerichte erinnert. Wenn Sie noch mehr Gelüste nach „Fleischlichem" haben, dann können Sie einige Soja-Bratwürstchen (aus dem Glas), in Scheiben geschnitten, anbraten und ins Ragout geben.

4 große Zwiebeln, fein gehackt

50 g Butterfett (Butterschmalz)

350 g Karotten, gewürfelt

150 g Pastinaken oder Petersilienwurzeln, gewürfelt

150 g grüne Erbsen (eventuell tiefgefroren)

50 ccm Sahne

1 TL Rosenpaprika

Pfeffer

Kräutersalz

frische, gehackte Kräuter: Estragon, Kerbel, Liebstöckel, Petersilie

Braten Sie die Zwiebeln in einem breiten Topf oder im Wok im Butterfett, bis sie bräunen. Geben Sie zwei Tassen Wasser hinzu, lassen Sie sie noch 10 Min. köcheln. Pürieren Sie die Zwiebeln. In dieser Flüssigkeit garen Sie nun bei aufliegendem Deckel die Wurzelgemüse. Gegen Ende der Garzeit sollte mehr als die Hälfte der Flüssigkeit verdunstet sein, damit die anschließend bereitete Sauce nicht zu dünn wird. Wenn die Gemüse gar sind, geben Sie die restlichen Zutaten hinzu und schmecken ab. Hierzu passen Vollkornnudeln oder Reis oder – besonders lecker – Kartoffelbrei.

6.6
Köstliches Kaschmir-Gemüse

Bei seinen Reisen als Geograph lebte Devanando einst zwei Wochen lang auf dem Naginsee bei Srinagar in Kaschmir im Norden Indiens. Ein eigener Koch versorgte die Gruppe rund um die Uhr mit köstlichen vegetarischen Speisen. Bei dieser Gelegenheit lernte Devanando viel über die Würzkunst kaschmirischer Köche und wie man vom Boot aus Gemüse aus den schwimmenden Gärten erntet.

1 große Zwiebel, feinst gehackt

150 g Kartoffeln, fein geraspelt

50 g Butterfett
(Ghee, Butterschmalz)

1 TL gekörnte Gemüsebrühe

$^1/_2$ TL gemahlener Kardamom

$^1/_2$ TL gemahlener Zimt

$^1/_2$ TL gemahlener Fenchel

1 Messerspitze Nelkenpulver

weißer Pfeffer

Kräutersalz

1 EL geriebene, frische Ingwerwurzel

250 g Karotten, gewürfelt

1 Fenchelknolle, gewürfelt

2 mittelgroße Zucchini, gewürfelt

50 ccm Sahne

1 Bund frischer Koriander (Cilantro), ersatzweise 1–2 Zweige Liebstöckel

Braten Sie die Zwiebel und die Kartoffeln im Butterfett unter häufigem Rühren an. Geben Sie zwei Tassen Wasser hinzu, lassen Sie Zwiebeln und Kartoffeln garen. Pürieren Sie sie dann. Geben Sie nun die Gemüsebrühe und die Gewürze hinzu und garen darin die Karotten, den Fenchel und die Zucchini al dente. Gießen Sie gegebenenfalls Wasser nach – je nachdem, wie dick die Sauce sein soll. Runden Sie das Gericht mit Sahne ab und würzen bzw. garnieren Sie es mit den Kräutern. Dazu empfehlen wir Ihnen Basmati-

reis, den Sie mit etwas Kurkuma
gekocht haben.

Wenn Sie keine Zwiebeln mögen
oder nicht anbraten wollen, können Sie auch *250 g Kartoffeln, gekocht und durchgepreßt,* zum Andicken verwenden.

Schwimmende Gärten/Kaschmir

6.7
Pilz-Erbsen-Curry aus Rajesthan

Rajesthan ist der Wüstenstaat in Indiens Nordwesten. Dort liegen die herrlichen Schlösser und Burgen, die Sie vielleicht aus Filmen wie „Der Tiger von Eschnapur" kennen. Man kocht dort scharf und fett. Das Originalrezept würde nicht in den Rahmen dieses Buches passen. Deshalb haben wir Fett und Schärfe drastisch eingeschränkt, damit Sie auch das feine Aroma der herrlichen, verdauungsanregenden Gewürze genießen können und damit Ihre Leber nicht überfordert wird. Die Speisen in rajesthanischen Küchen sehen so farbenprächtig aus wie die Gewänder der Frauen. Rottöne herrschen vor.

250 g Zwiebeln, sehr fein gehackt

100 g Kartoffeln, grob geraspelt

50 g Butterfett oder Sesamöl

1 Chilischote ohne Körner, kleingehackt

1 Knoblauchzehe, kleingehackt

1 EL in feine Streifen geschnittene frische Ingwerwurzel

1 Tasse Wasser (je nach gewünschter Konsistenz und Menge der Sauce)

125 ccm Sahne

1 TL gekörnte Gemüsebrühe

2 EL mildes Currypulver

Pfeffer aus der Mühle

Kräutersalz

300 g Egerlinge, je nach Größe geviertelt oder geachtelt

50 g Butterfett

300 g grüne Erbsen (evtl. tiefgefroren)

Braten Sie die Kartoffelraspeln und Zwiebeln in Butterfett, bis sie bräunlich sind. Dann geben Sie Chili, Knoblauch und Ingwer hinzu und braten unter Rühren noch eine weitere Minute. Löschen Sie mit Wasser und Sahne ab, und geben Sie die Gemüsebrühe und die restlichen Gewürze dazu. Pürieren Sie die Sauce und schmecken Sie sie ab.

In der Zwischenzeit braten Sie die Egerlinge auf einer Pfanne in Butterfett. Wenn sie gar sind, geben Sie sie zusammen mit den Erbsen in die heiße Sauce. Die Erbsen brauchen nicht gekocht zu werden! Dazu schmecken Reis oder Hirse.

6.8
Gebratener Weißkohl Hawaii

Dieses Gericht lernte Devanando bei einem kurzen Besuch in einer New-Age-Kommune auf Maui (Hawaii) kennen. Das folgende Rezept ist die tropische Variante unseres beliebten und gesunden Weißkrauts. Das Essen war dort besonders vielseitig, weil jedes Mitglied und sogar die wechselnden Gäste ihre Ideen beisteuerten.

1 große Zwiebel, grob gehackt (nach Wahl)

50 ccm Sonnenblumenöl

500 g Weißkohl, grob gehobelt

1 Tasse Wasser

150 g Kokoscreme

1 TL gemahlener Kreuzkümmel

1 TL gemahlener Koriander

1 TL gemahlener Fenchel

1 TL gemahlener Kurkuma

1 TL gekörnte Gemüsebrühe

Pfeffer aus der Mühle

Kräutersalz

100 ccm saure Sahne

3 EL Kokosflocken

1 Tomate

Braten Sie die Zwiebeln an, bis sie glasig sind, und geben Sie dann den Weißkohl dazu. Braten Sie eine Weile unter gelegentlichem Wenden weiter. Schließlich geben Sie das Wasser dazu und lassen den Kohl zugedeckt garen. Dann geben Sie die restlichen Zutaten hinzu und schmecken ab. Es soll kein soßiges, eher ein trockenes Gericht sein (das Wasser wird zum Teil verdunsten). Dekorieren Sie mit den Kokosflokken und Tomatenachteln. Servieren Sie das Gericht mit gegarten Süßkartoffeln oder Vollkornreis.

6.9
Pellkartoffeln mit Guacamole

Guacamole ist eine mexikanische Avocadocreme. Wir geben Ihnen hier unsere (abgespeckte) Lieblingsversion. Wenn Sie Guacamole im original-mexikanischen Stil bereiten wollen, dann muß nämlich Knoblauch, eine feingehackte Zwiebel und viel Chili mit hinein. Das aber muß nicht unbedingt sein. Wir fragen uns, wie die Mexikaner so viel Schärfe im Laufe ihres Lebens aushalten. Natürlich ißt man die Guacamole in Mexiko auch nicht zu Pellkartoffeln – aber sie passen hervorragend dazu.

10 bis 15 Kartoffeln, je nach Größe und Hunger

3 weiche Avocados, entsteint und geschält

2 Eiertomaten oder eine große Fleischtomate, sehr klein gehackt

1/2 Bund frischer Koriander (Cilantro) oder andere Kräuter, fein gehackt

Pfeffer aus der Mühle

Kräutersalz

1 TL Zitronensaft

Während die Kartoffeln kochen, zerdrücken Sie die Avocados und die Tomaten mit einer Gabel. Mischen Sie die übrigen Zutaten darunter und schmecken ab. Sie können die Creme durch *saure Sahne* strecken. Experimentieren Sie mit verschiedenen Würzrichtungen.

Wenn Sie die Guacamole mit Kartoffeln oder Brot essen, sollten Sie auf jeden Fall nur sehr wenig Zitronensaft dazugeben, weil Säure die Verdauung von Stärke behindert. Pellkartoffeln mit Avocado ist ein einfach und schnell bereitetes, sehr wohlschmeckendes und sehr gesundes Gericht. Reichen Sie dazu die zarten Innenblätter von *Romana-Salat*.

6.10
Gemüse mit ceylonesischer Ingwer-Kokos-Sauce

Wie Sie vielleicht inzwischen gemerkt haben, sind wir große Freunde der Kokosnuß. Wenn Sie einmal Gelüste nach etwas besonders Festem zwischen den Zähnen haben, kaufen Sie sich eine frische Kokosnuß und kauen das Kokosfleisch. Nur zuviel sollte es nicht sein, denn besonders leicht verdaulich ist es nicht. Die ceylonesische Küche ist hervorragend. Auf einer Exkursion durch diese himmlische Tropeninsel fiel Devanando auf, daß die Anzahl derjenigen aus der Reisegruppe, die vegetarisches Essen bestellten, von Tag zu Tag zunahm. Die Vegetarier bekamen nämlich die herrlichen einheimischen Gemüsecurrys – viele mit Kokossauce –, während die Fleischesser zunehmend mißmutiger auf den englisch zubereiteten zähen Lappen herumkauten und Berge von Knochen abknabbern mußten. Leider wird in den Bettenburgen der Touristen auch in diesem Land inzwischen überwiegend die sog. „internationale Küche" serviert. Der Zauber der tropischen, einheimischen Küche bleibt den traditionellen Rest-houses und den heimeligen Hotels aus den alten englischen Zeiten vorbehalten.

250 g Rosenkohl, geputzt und halbiert, oder Paprikaschoten, gewürfelt

250 g Karotten, in längliche Stückchen geschnitten

50 g Butterfett oder Sesamöl

250 g Zucchini, in längliche Stückchen geschnitten

2 Tassen Wasser

3 Stengel Zitronengras, schräg in dünne Scheiben geschnitten, alternativ abgeriebene Zitronenschale

1 EL feinst gehackte frische Ingwerwurzel

$^1/_2$ TL feinst gehackter Galgant, alternativ Galgantpulver

$^1/_2$ TL feinst gehackter Kurkuma, alternativ Kurkumapulver

1 TL gekörnte Gemüsebrühe

164

150 g Kokoscreme, in Scheibchen geschnitten

Pfeffer aus der Mühle

Kräutersalz

1 Bund frische Pfefferminze, fein gehackt

Geben Sie den Rosenkohl bzw. die Paprika mit den Karotten in einen Wok oder Topf mit einem Deckel. Dünsten Sie bei kleiner Flamme und gelegentlichem Umrühren in Fett oder Öl, bis das Gemüse al dente oder weich ist. Mit etwas Wasser läßt sich der Vorgang beschleunigen. Die Zucchini geben Sie erst nach etwa der Hälfte der Garzeit, also etwa nach 5–7 Minuten dazu.

In der Zwischenzeit erhitzen Sie das Wasser für die Sauce mit den Gewürzen und lassen es ein paar Minuten köcheln, damit sich der Geschmack auf das Wasser überträgt. Die Zitronengrasstückchen können Sie dann herausfischen, weil sie nicht mitgegessen werden. Geben Sie dann die restlichen Zutaten hinzu. Nehmen Sie den Topf vom Feuer und schmecken ab.

Geben Sie das Gemüse in eine Servierschüssel und übergießen Sie es mit der Sauce. Garnieren Sie mit frischen Pfefferminzblättchen und *Tomatenstückchen*. Als Beilagen servieren Sie das Sambal 5.12 und Basmatireis. Wenn Sie dieses Gericht für das in Kap. 2.5 vorgeschlagene proteinbetonte Menü auswählen, servieren Sie das Gemüse ohne Reis, nur mit gebratenen Tempeh-Chips (längliche, dünne Tempeh-Scheiben, mit Pfeffer und Salz gewürzt und mit der Kokos-Sauce übergossen).

6.11
Feines frisches Gartengemüse

Dieses schnelle, einfache und doch sehr fein schmeckende Gericht können Sie im Handumdrehen zubereiten, die Zutaten sind leicht erhältlich. Vielleicht wäre das auch ein Teil eines Menüs, das Sie anbieten, wenn ältere Verwandte kommen, die erfahrungsgemäß exotische Aromen nicht mögen. Sie könnten das Gericht auch als Beilage zu einem Tempeh- oder Tofuschnitzel genießen, wenn Sie diese Sojaprodukte schätzen, oder zu den Gemüsepflanzerln des Rezeptes 9.1.

250 g Kohlrabi, in kleine Scheibchen geschnitten

250 g Karotten, in Scheiben geschnitten

250 g grüne Bohnen, einmal gebrochen

50 g Butterfett

einige Stengel Bohnenkraut, kleingehackt

Pfeffer aus der Mühle

Kräutersalz

Dünsten Sie das Gemüse im Butterfett bei gelegentlichem Umrühren in einem geschlossenen Topf, bis es al dente oder weich ist. Würzen Sie dann mit Pfeffer und Salz und kleingehacktem Bohnenkraut oder anderen Küchenkräutern. Dieses Gericht schmeckt auch für sich allein sehr gut und sättigt.

6.12
Auberginenkorma aus der kaiserlichen Mogulküche

„Korma" nennt man Gerichte der indischen Mogulkaiser, bei denen die Sauce mit Nüssen angereichert, angedickt wird. Sie gelten als besonders fein und elegant. Selbstverständlich können Sie auch andere Gemüse verwenden, als hier angegeben. Wenn Sie die Pracht der Mogulkaiser kennenlernen wollen, ohne nach Indien zu reisen, dann studieren Sie am besten die vielen indischen Miniaturen, die Sie in indischen Restaurants, Läden oder in Büchern finden. Es war ein Leben besonders verfeinerter Sinnenfreude, ein Leben des Überflusses und der Schönheit.

1 mittelgroße Zwiebel, sehr fein gehackt

50 ccm Sesamöl oder Butterfett

1 Knoblauchzehe, gehackt (nach Wunsch)

1 EL geriebener frischer Ingwer

$^{1}/_{4}$ TL gemahlener Koriander

$^{1}/_{4}$ TL gemahlener Fenchel

$^{1}/_{4}$ TL gemahlener Kreuzkümmel

$^{1}/_{4}$ TL gemahlener Kurkuma

$^{1}/_{4}$ TL gemahlener Rosenpaprika

1 Tasse Wasser, in der 1 TL gekörnte Gemüsebrühe aufgelöst ist

500 g Auberginen, gewürfelt

150 g Mandelmus, mit einer Tasse Wasser verrührt

Pfeffer und Kräutersalz

100 g grüne Erbsen (evtl. tiefgefroren)

50 g Mandelsplitter

$^{1}/_{2}$ Bund frische Korianderblätter (Cilantro), z. T. fein gehackt

Braten Sie die Zwiebel in Öl, bis sie bräunt. Geben Sie den Knoblauch, den Ingwer und die Gewürze hinzu. Braten Sie eine Minute unter ständigem Rühren weiter. Dann geben Sie das Wasser und die Auberginen dazu, mischen alles gut durch und lassen das Gemüse garen. Schließlich geben Sie das Mandelmus dazu, schmecken mit Pfeffer und Kräutersalz ab und mischen zum Schluß noch die grünen Erbsen und den gehackten Koriander darunter. Geben Sie das Korma in eine Servierschüssel, und garnieren Sie mit Korianderblättchen und Mandelsplittern. Servieren Sie das Korma mit Hirse, Reis oder Chapaties (dünnes Fladenbrot).

Zur Abwechslung ersetzen Sie Kreuzkümmel, Kurkuma und Paprika durch $^1/_2$ *TL Nelkenpulver* und die beiden Tassen Wasser und das Mandelmus durch *2 $^1/_2$ Tassen Naturyoghurt,* in dem Sie die Auberginenstücke gar kochen.

6.13
Kokos-Thaigemüse aus dem Wok

Vor vielen Jahren war Devanando in Thailand mit Leihwagen und Fahrer unterwegs, der uns nicht nur saubere und preisgünstige Übernachtungsmöglichkeiten verschaffte, sondern auch in der Wahl der Restaurants und Speisen beriet. Wir sind dabei – ohne Durchfall – sehr gut gefahren. Wir schätzen die Thaiküche außerordentlich, weil die Speisen stets ganz frisch vor den Augen der Gäste zubereitet werden, weil die Gemüse meist nur al dente gegart sind und weil die Auswahl von Gemüsen, Kräutern und Gewürzen so vielfältig ist. Die Thaiküche ist kinderleicht nachzuvollziehen, sie unterscheidet sich von der chinesischen Küche durch manches, nicht jedoch durch die meisterhafte Verwendung des Woks.

50 ccm Pflanzenöl

2 EL frische Ingwerwurzel, in feinste Streifchen geschnitten

1 Chilischote mit oder ohne Kerne, fein gewiegt, je nach gewünschter Schärfe

1 Stange Lauch, in feine Ringe geschnitten

250 g grüner Spargel, schräg in mundgerechte Stückchen geschnitten

250 g Zuckerschoten, schräg in mundgerechte Stückchen geschnitten

1 rote Paprikaschote, in stäbchengerechte Rechtecke geschnitten

1 gelbe Paprikaschote, in stäbchengerechte Rechtecke geschnitten

1 Karotte, in feine längliche Stückchen geschnitten

1 Tasse Wasser

1 TL gekörnte Gemüsebrühe

100 g Kokoscreme

5 Zitronenblätter, extrem fein geschnitten, oder 1 EL abgeriebene Zitronenschale

Kräutersalz

Pfeffer aus der Mühle

Zitronensaft

Erhitzen Sie das Öl im Wok, und braten Sie Ingwer und Chili etwa eine Minute lang. Dann geben Sie das Gemüse hinzu und braten bei höchster Hitze unter häufigem Rühren so lange, bis es Ihnen weich genug ist. Geben Sie dann Wasser, Brühe, Kokoscreme und die Zitronenblätter in den Wok und rühren gut, damit sich die Kokoscreme auflöst. Würzen Sie mit Salz und Pfeffer und schmekken mit wenig Zitronensaft ab. Das Gericht essen wir am liebsten ohne Beilagen. Bei diesem und dem folgenden Gericht kommt es sehr darauf an, wie Sie die Gemüse schneiden – damit auch alles gut aussieht. Vergleichen Sie dazu die Zeichnungen in Kapitel 2.7.

Zitronenblätter

6.14
Schnellgebratenes Chinagemüse

Auch dieses Gericht ist im Handumdrehen fertig und enthält – obwohl es ein warmes Gericht ist – noch immer viele Vitalstoffe. Es eignet sich auch vortrefflich, wenn Sie mit Ihren Gästen am Tischwok zelebrieren möchten. Für diese Zwecke bieten sich Gemüse an, die Sie nur erwärmen, aber kaum garen müssen. Etwas härtere Gemüse werden entsprechend sehr fein geschnitten. Denken Sie auch daran, daß in den üblichen Woks nicht mehr als zwei, höchstens drei Portionen auf einmal pfannengerührt werden sollten, weil die Prozedur sonst länger dauert und das Brataroma sich nicht entwickelt. Das Gemüse wird dann eher schlapp statt knusprig.

50 ccm Sesamöl

1 EL frische Ingwerwurzel, in feinste Streifchen geschnitten

1 Chilischote (je nach gewünschter Schärfe mit oder ohne Kerne), fein gehackt (nach Wunsch)

1 Knoblauchzehe, fein gehackt (nach Wunsch)

2 Frühlingszwiebeln, kleingehackt

100 g frische Shitake- oder Austernpilze, in feine Streifen geschnitten

1 mittelgroßer Chinakohl

1 Stange Lauch, schräg in Ringe geschnitten

150 g Mungsprossen oder Linsensprossen

3 Tomaten, in mittelgroße Stücke geschnitten

1–2 EL Ume-Su (nach Geschmack)

1–2 EL Tamari (nach Geschmack)

1–2 EL Gomasio (nach Geschmack)

diverse frische Kräuter, fein gehackt

Erhitzen Sie das Öl in einem Wok, und braten Sie Ingwer, Chili, Knoblauch und Zwiebeln zwei Minuten an. Dann geben Sie die

Pilze hinzu und braten weitere zwei Minuten. Es folgen der Lauch und die harten Strunkteile des Chinakohls, in Streifen geschnitten, die Sie weitere 2 Minuten braten. Anschließend geben Sie die in Streifen geschnittenen zarten Teile des Chinakohls und die Sprossen in den Wok. Braten Sie unter häufigem Rühren weitere 2 Minuten (die ganze Zeit bei voller Hitze). Schließlich geben Sie noch die Tomaten dazu, nehmen den Wok vom Herd und würzen mit Ume-Su, Tamari und Gomasio. Servieren Sie sofort. Streuen Sie noch portionsweise frisch gehackte Kräuter über das Gericht. Hierzu schmecken chinesische Reis- oder Weizennudeln, die Sie in Wasser kochen und unter das Gericht mischen können.

6.15
Frische Tomatensauce

200 g Zwiebeln, sehr fein gehackt

50 g Butter

250 ccm Sahne

*1 gehäufter TL gekörnte Gemüse-
brühe*

500 g Tomaten, gewürfelt

*1 Bund Basilikum oder ersatzweise
Petersilie, fein gehackt*

Kräutersalz nach Wunsch

Pfeffer aus der Mühle nach Wunsch

Braten Sie die Zwiebeln in der Butter an, bis sie zu bräunen anfangen. Dann geben Sie die Sahne und die Gemüsebrühe dazu und lassen aufkochen. Jetzt nehmen Sie den Topf vom Feuer und geben die Tomatenstücke und die Kräuter hinzu. Schmecken Sie mit Pfeffer und Salz ab. Servieren Sie sofort.

Diese köstliche Sauce eignet sich vorzüglich zu gegartem Gemüse.

7 Getreidespeisen

Aus der Tatsache, daß sich Kochbeutelreis gut verkauft, läßt sich schließen, daß es Menschen gibt, die mit Reiskochen Probleme haben. Aber ein wirklich gutes Ergebnis kann man mit Kochbeuteln nicht erzielen. Der Reis muß zwangsweise wäßrig werden. Bevor wir nun spezielle Getreidegerichte vorschlagen, gehen wir deshalb zunächst darauf ein, wie man Getreide mit befriedigendem Ergebnis gart.

Unterschiedliche Proportionen
Nimmt man ein Buch der makrobiotischen Küche zur Hand, etwa dasjenige von *Aveline Kushi* und *Alex Jack,* dann wird man über Getreide sehr gründlich aufgeklärt, denn speziell der Naturreis ist dort das wichtigste Nahrungsmittel. Die beiden berichten allein auf zehn Seiten, wie man Reis kocht! Es folgen 75 Seiten über Getreide und Getreidegerichte. Wir allerdings legen den Schwerpunkt der Ernährung auf Obst, Salate und Gemüse, ergänzt durch Nüsse, Samen und Getreide. Getreide ist für uns ein Energiespender, der Sättigung und Befriedigung erhöht – aber nicht die Hauptsache, nur eine Beilage maximal eines Gerichtes täglich, besser seltener. Aber trotz der sparsamen Verwendung sollte Getreide richtig gegart werden. Dazu gehört zweierlei: erstens der Abbau des Phytins und zweitens das Aufschließen der Stärke.

Gegartes mit gutem Gewissen essen
Wenn Sie Bücher der Rohkostszene gelesen haben, sind Sie möglicherweise von der Überlegenheit der rohen Nahrung überzeugt. Andererseits ist Ihnen aber doch – nicht zuletzt

174

vielleicht durch unser Buch „Harmonische Ernährung" und das dort empfohlene „In-sich-Hineinhören" und „Auf-den-eigenen-Körper-Achten" klar geworden, daß nur wenige Menschen auf Dauer allein von Rohkost leben können (siehe Kapitel 2.2). Die Rohkost muß ergänzt werden durch andere – gegarte – Speisen. Diese sind dann für den Körper ebenso wichtig und wertvoll wie die rohen, denn ohne sie ginge es auf die Dauer nicht! Wir möchten Sie deshalb an dieser Stelle bitten, sich klarzumachen, daß es keinen Sinn hat, gegarte Nahrung mit schlechtem Gewissen zu essen. Sie sind auch nicht vom Schöpfer unglücklich benachteiligt, wenn Sie nicht so gesund sind und keine so kräftige Verdauung besitzen und täglich nicht mehrere Stunden Zeit für rigorose körperliche Betätigung haben, um mit einer reinen Rohkosternährung zurechtkommen zu können. Für Sie stehen eben andere Dinge im Leben im Vordergrund. Alles ist relativ! Auch rohe Nahrung ist nur gut relativ zu dem, der sie ißt. Sie muß zu ihm passen – und das ist nicht bei jedem Menschen automatisch so.

Die Bekömmlichkeit einer Nahrung hängt u. a. von der Einstellung ab, mit der man sie ißt. Wenn man sie liebevoll zubereitet oder zubereitet bekommt, wenn man sie in Ruhe und Sammlung und in dem Empfinden, daß man etwas wirklich Gutes bekommt, in gepflegter Umgebung ißt, wird sie auch nähren und Lebenskraft spenden – selbst dann, wenn sie gegart ist. Gegarte Nahrung macht nicht zwangsweise krank – es hängt alles vom Wie, Was und vom prozentualen Anteil ab. Wenn zum Beispiel 70% Ihrer Nahrung roh sind, dann können die restlichen 30% gegarte Nahrung keinen Schaden anrichten – es sei denn, Sie wären krank und würden sich um die wahren Ursachen Ihrer Krankheit nicht kümmern. Dann könnte es sein, daß Sie zwar durch eine reine Rohkost Symptomheilung erhalten, durch einen gewissen Anteil an gegarter Nahrung aber die alten Beschwerden wieder aufflammen.

Wie wird Getreide verdaulich?

Getreide ist roh nur sehr schwer zu verdauen und auszunutzen, weil der Gehalt an Phytin (durchschnittlich etwa 1%) die Eigenschaft hat, mit Proteinen, Vitaminen, Mineralstoffen und Spurenelementen schwerlösliche Komplexe zu bilden. Diese sind unverdaulich, und so entzieht das Phytin diese Inhaltsstoffe dem Getreide wie auch den begleitenden Lebensmitteln. Je mehr er an Vollkornprodukte gewöhnt ist, um so eher kann der Organismus während der Verdauung das Phytin abbauen. Sie sehen also, wie wichtig eine langsame Umstellung ist! Beim Ankeimen wird das Phytin abgebaut, und deshalb sind Sprossen so gesund. Es gibt auch verschiedene küchentechnische Methoden, um das Phytin abzubauen und damit die Verwertbarkeit des Getreides zu verbessern:

Einweichen des Getreideschrotes bei Zimmertemperatur über Nacht, wie das beim Frischkornbrei empfohlen wird, zerstört bis zu 50% des Phytins. Einweichen von ganzen Körnern ist weniger wirkungsvoll. Am wirkungsvollsten (bis zu 75%) wird Phytin zerstört, wenn Sie Getreideschrot mehrere Stunden quellen lassen und dann aufkochen oder sehr langsam erwärmen und dann kochen (*Fretzdorff & Weipert*, 1986, S. 291). Der Korrektheit halber sei jedoch aufgeführt, daß es auch Untersuchungen gibt, die nachweisen, daß der Phytinabbau langsamer vonstatten geht (vgl. raum & zeit, Nr. 59, 1992, S. 46). Getreideverzehr in Form von Brei war bei uns früher weit verbreitet und ist noch heute bei vielen Völkern gang und gäbe. *Waerland* empfielt ihn unter dem Namen Kruska. Das Problem bei dieser Art von Ernährung liegt darin, daß die Menschen entweder so begeistert und überzeugt vom vollen Korn sind oder daß sie so arm sind, daß sie sich täglich dreimal davon satt essen. Und das ist nun wirklich „des Guten" zuviel. Der Organismus kann das nicht verkraften. Er wird übersäuert und verschleimt. Wir haben das in unserem Buch „Harmonische Ernährung" in Kapitel 20 ausführlich dargestellt. Daß die Getreidestärke durch Kochen und Backen leichter verdaulich (aufgeschlossen) wird, ist dabei berücksichtigt. Wenn die übereifrigen Vollkornfreunde ihre Riesen-Getreidemengen alle als Rohgetreide essen würden, würden sie natürlich schneller krank.

Wenn Sie also Getreide kochen, kommt es darauf an, daß genügend Zeit vorhanden ist, um das Phytin abzubauen. Am besten wäre es deshalb, wenn Sie die alte Methode der Kochkiste wieder aufnehmen würden. Wenn Sie rechtzeitig daran denken und es in Ihren Zeitplan paßt, können Sie das Getreide auch vor dem Kochen einige Stunden einweichen – es geht aber auch ohne dies. Erwärmen Sie das Getreide langsam, bis es kocht, und lassen Sie es – je nach Sorte – noch einige Zeit kochen. Dann nehmen Sie es vom Feuer und stellen es in die Kochkiste oder hüllen es in Decken und stellen es gut zugedeckt ins Bett und lassen es dort innerhalb der nächsten Stunden ausquellen. Wenn Sie so garen, dann würden Sie z. B. schon früh morgens das Getreide kochen und dann in Ihrer Abwesenheit ausquellen lassen. Dieses Ausquellen schließt die Getreidestärke auf und macht sie so leichter verdaulich. Nun zu den einzelnen Getreidesorten.

7.1 Reisgaren

Kochen im Dampftopf?

Die makrobiotische Küche schwört darauf, daß man den Naturreis im Dampfdrucktopf kochen muß, damit er voll aufgeschlossen wird. Wir raten Ihnen, einmal auszuprobieren, wie der Reis Ihnen dann schmeckt und bekommt. Sie verwenden dabei ein Verhältnis von 2 Tassen Reis zu $1^1/_4$ bis $1^1/_2$ Tassen Wasser. Geben Sie den gewaschenen Reis und Wasser in den Dampftopf, lassen Sie den Reis 2 bis 3 Stunden quellen und erhitzen dann langsam. Wenn das Wasser sprudelt, geben Sie eine Prise Salz dazu und schließen den Topf. Wenn der Druck sich aufgebaut hat, reduzieren Sie die Hitze so, daß er gerade erhalten bleibt, und kochen den Reis 50 Minuten. Dann nehmen Sie den Topf vom Feuer und lassen ihn stehen, bis sich der Druck von alleine abgebaut hat. Frau *Kushi* schreibt dazu: „Auf diese Weise zubereitet, hat Reis einen delikaten, nussigen und natürlich süßen Geschmack und verleiht ein starkes, friedvolles Gefühl." Wir wollen Ihnen keine Vorschriften machen, sind aber mit dem bekannten amerikanischen Ernährungsfachmann *Airola* einer Meinung, daß Lebensmittel durch Kochen im Drucktopf unnötig hohen Temperaturen ausgesetzt werden, die wir tunlichst meiden sollten, weil dabei neue chemische Verbindungen entstehen, deren Wirkung auf den menschlichen Organismus wenn nicht nachgewiesenermaßen gefährlich, so doch zumindest unbekannt ist. Das Kochen von Gemüse im Dampftopf ist schon allein deswegen nicht ratsam, weil Sie den Garzeitpunkt nicht richtig abschätzen können, was – auch bei Geübten – immer wieder dazu führt, daß das Gemüse matschig und damit wertlos wird.

Kochen im Normaltopf und in der Kochkiste

Wenn Sie Reis in einem normalen Topf kochen, benötigen Sie mehr Wasser, weil davon einiges verdunstet. Die Faustregel lautet: 1 Tasse Reis auf 1 Tasse Wasser und eine Prise Salz. Bringen Sie das Wasser zum Kochen. Dann reduzieren Sie die Hitze auf sehr klein und lassen maximal 1 Stunde lang köcheln, bis das Wasser völlig vom Reis aufgenommen ist. Wenn Sie den Reistopf nach dem ersten Aufkochen ins Bett oder in eine Kochkiste stellen, dann dürfte etwas weniger Wasser genügen.

Reis, der nach dieser Art gekocht wurde, ist sehr stark aufgequollen, was nicht jedermanns Geschmack ist. Sie können bei Naturreis auch schon nach 30 bis 40 Minuten nachsehen, ob der Reis Ihnen dann zusagt. Er hat dann noch Biß, was viele Menschen lieben. Wenn der Reis aus Versehen zu feucht geraten ist, dann können Sie ihn auf einer Pfanne unter ständigem Wenden trocknen oder in einer offenen Kasserolle im Ofen bei 90 bis 120 Grad trockenbacken. Wenn Sie nach einiger Zeit des Kochens merken, daß der Reis schon völlig trocken, aber noch nicht weich genug ist, dann können Sie jederzeit Wasser nachgießen.

Basmatireis – wunderbar

Wir kochen Reis nie im Dampftopf. Die Wassermenge bemessen wir nach Augenmaß. Wenn wir z. B. Basmatireis kochen, der aus Indien und Pakistan kommt und so unvergleichlich in Geschmack und Geruch ist, dann geben wir so viel Wasser zum Reis, daß das Wasser zwei Finger über dem Reis im Topf steht. Dann lassen wir aufkochen und schalten die Wärme auf sehr klein. Nach zehn bis fünfzehn Minuten sehen wir nach und geben dann nötigenfalls noch etwas Wasser zu. Basmatireis ist schon nach 20, spätestens aber nach 30 Minuten weich. Wenn es kleine Mengen an Reis (etwa für drei Personen) sind, dann können Sie auch den Reis mit einem Holzspatel vom Topfboden lösen, falls er zu trocken war und sich festgesetzt hat, und dann noch etwas Wasser zugeben. Wenn Sie eine exaktere Kochweise wünschen, bleibt es Ihnen nicht erspart, daß Sie selbst herausfinden, wie das Verhältnis zwischen Wasser und Reis unter den speziellen Verhältnissen Ihrer Küche (Ofen, Topf, Dichtheit des Deckels) und der speziellen Art des jeweils verwendeten Getreides ist. Wenn Sie die Hitze sofort nach dem Aufkochen kleinstellen, dann kommt es praktisch nie vor, daß der Reis anbrennt. Reis sollte nach unserem Geschmack locker-flokkig, körnig und trocken sein und noch etwas Biß haben. Diesen Geschmack hat Devanando in Persien schätzen gelernt, wo man die einheimische Sorte Dom-Siah vom Kaspischen Tiefland so meisterhaft kocht. In Indien gibt man ins Reiskochwasser bisweilen pro Tasse Reis etwa $1/4$ TL Kurkuma. Der Reis erhält dadurch eine herrlich gelbe Farbe. Auch etwas Öl und Salz (oder gekörnte Gemüsebrühe) erhöhen den Geschmack und Duft.

7.2 Hirsekochen

Zu Unrecht vernachlässigt

Hirse ist ein bei uns und auch in anderen Ländern zu Unrecht vernachlässigtes Getreide. In Indien zum Beispiel wird Hirse als die Speise für Huren und Zuchthäusler bezeichnet! Wer etwas auf sich hält und es sich leisten kann, ißt Reis oder Weizenfladen (je nach Region). Wir schätzen Hirse, weil sie gut schmeckt und weil sie nicht säurebildend ist. Hirse enthält viel Silizium, was für Haut, Haare und Nägel wichtig ist. Hirse ist gut für Magen, Milz und Bauchspeicheldrüse.

Das Verhältnis Wasser zu Hirse beträgt etwa 1 zu $1^1/4$. Da Hirse leicht etwas bitter schmeckt, empfehlen wir, sie vor dem Kochen mit möglichst heißem Wasser zu waschen. Danach rösten Sie die Hirse innerhalb etwa fünf Minuten auf einer fettfreien Pfanne trocken – ein Vorgang, der aber nicht unbedingt nötig ist. Anschließend geben Sie Hirse und Wasser in einen Topf, lassen aufkochen und drehen dann auf kleinste Hitze. Bei geschlossenem Deckel quillt die Hirse dann in rund einer halben Stunde aus. Wenn Sie größere Mengen an Getreide kochen, bewährt es sich, daß Sie erst das Wasser zum Kochen bringen und dann das Getreide hineinstreuen. Hirse läßt sich auch sehr gut im Bett oder in der Kochkiste ausquellen. Es schmeckt auch sehr gut, wenn Sie in dem Topf, in dem Sie die Hirse kochen, vorher eine grob gewürfelte Zwiebel anbraten und mit der Hirse zusammen garen. Wenn die Hirse schon für sich allein schmecken soll, geben Sie etwas Öl und Salz oder gekörnte Gemüsebrühe hinzu.

7.3 Weizen und Dinkel; Getreide mit Azukibohnen

Weizen und Dinkel werden wie Vollkornreis zubereitet. Es ist jedoch sehr empfehlenswert, das Getreide vorher mehrere Stunden oder über Nacht einzuweichen, damit die Kochzeit nicht zu lang wird. Wenn Sie nicht im Drucktopf kochen, empfehlen wir gleiche Menge Wasser wie gequollenes Getreide, Sie sollten aber während des Garens immer mal überprüfen, damit nichts anbrennt und damit die Körner weich, aber nicht matschig werden. Versuchen Sie auch einmal Mischungen aus Dinkel, Reis und Azukibohnen im Verhältnis 1 zu 3 zu 1. Weichen Sie die Mischung über Nacht ein, und gießen Sie das Einweichwasser weg. Dann garen Sie mit etwas Salz und würzen mit kleingehacktem, frischem Dill und geröstetem Sesamöl. Weizen und Dinkel sollten Sie unbedingt einmal ankeimen lassen und probieren, wie Ihnen die jungen (nur 2 bis 3 Tage alten) Sprossen schmecken, z. B. über einen Salat gestreut.

7.4 Das Quellen von Bulgur

Zur Herstellung von Bulgur, der auf dem Balkan, im Nahen und Mittleren Osten und in Nordamerika beliebt ist, werden ganze Weizenkörner zunächst in heißem Wasser eingeweicht. Dabei dringen die in den äußeren Schichten des Korns sitzenden Vitamine, Eiweiße und Mineralstoffe in das Innere. In einem zweiten Arbeitsgang werden die Körner gekocht. Die Stärke verkleistert und bindet die eingedrungenen Nährstoffe und Vitamine. Danach wird der Weizen wieder getrocknet und die Schale abgerieben und abgesiebt und dann grob zerkleinert. Durch dieses Verfahren wird ein großer Teil des Phytins abgebaut und die Verdaulichkeit der Stärke erhöht.

Sehr schnell fertig!
Bulgur ist sehr praktisch in der schnellen Küche, weil Sie ihn mit der 2–$2^1/_2$ fachen Menge an Wasser aufkochen und nur rund 10 Minuten quellen lassen brauchen. Dann ist er weich und fertig. Er sollte locker-trocken sein und eignet sich sehr gut als Beilage zu Gemüsegerichten oder auch kalt als Salat mit verschiedenen weichen Gemüsen wie Tomaten, Gurken, Paprika, Zucchini, Oliven, diversen Kräutern, Salz, Pfeffer und Öl. Couscous ist eine feinkörnige Abart des Bulgurs, die in Tunesien und anderen nordafrikanischen Ländern häufig gegessen wird. Für Salat braucht Bulgur nicht gekocht zu werden, Sie weichen ihn nur über Nacht ein.

7.5 Haferbrei

Hafer enthält 7% Fett und ist deshalb besonders wärmend und kräftigend und für den Winter zu empfehlen. Er bietet sich zum Mittag- oder Abendessen in Form von Brei an, den Sie aus Haferflocken oder Schrot mit der dreifachen Menge an Wasser kochen und z. B. mit Zimt, Kardamom und süßer Sahne verfeinern. Wenn Sie den Hafer nicht kochen möchten, weichen Sie ihn mindestens vier Stunden (am besten über Nacht) zusammen mit ein paar entsteinten Datteln ein und pürieren das Ganze dann mit einer Handvoll eingeweichter Cashewkerne. Würzen können Sie wie oben. Essen Sie davon nur wenig auf einmal, denn die Kombination ist nicht ideal.

7.6 Buchweizen und Buchweizennudeln

Buchweizen ist, strenggenommen, kein Getreide, sondern ein Knöterichgewächs. Der Name stammt von den kleinen grauen bis schwarzen Samen, die wie Bucheckern dreikantig sind. Buchweizen stammt aus der südrussischen Steppe und gelangte im Mittelalter nach Europa. Er wird als ganzes Korn oder als Grütze gegessen, geröstet nennt er sich Kasha, der besonders herzhaft schmeckt. In Japan ist Buchweizen in Form von Nudeln („Soba") seit Jahrhunderten beliebt. Sie erhalten alle diese Produkte im Naturkosthandel. Buchweizen ist glutenfrei und bietet sich deshalb als Nahrung bei Gluten-allergien (z. B. Weizenallergie, Zöliakie) an.

Sie kochen Buchweizen mit der doppelten Menge Wasser und etwas Salz oder verarbeiten das Mehl zu Pfannkuchen.

Buchweizen hat nur eine kurze Kochzeit und ist wie Hirse nicht säurebildend. Wir empfehlen ihn als Ergänzung zu einer Rohkosternährung in Abwechslung mit Hirse (und eventuell anderen Getreidesorten) als Beilage für maximal eine Mahlzeit pro Tag.

7.7 Aztekenkorn Amaranth

Amaranth gehörte vor der Entdeckung von Amerika durch Kolumbus in Mittelamerika bei den Azteken zu den Grundnahrungsmitteln. Er ist wie Buchweizen und Quinoa kein echtes Getreide. Sein Eiweißgehalt ist mit 16% außerordentlich hoch, auch sonst hat er reichlich wertvolle Inhaltsstoffe. Amaranth ist ebenfalls glutenfrei.

Er läßt sich als ganzes Korn ausquellen oder als Mehl in Form von Fladen oder zusammen mit z. B. Dinkel als Brötchen backen (vgl. „Harmonische Ernährung", Ende Kapitel 28). Auch Pfannkuchen können Sie damit backen. Am populärsten ist Amaranth zu Süßigkeiten verarbeitet. Eine Mischung aus gepufftem Amaranth und Honig z. B. war schon bei den Azteken als Alegria bekannt (vgl. Rezept 13.1). Gepuffter Amaranth ist fertig im Handel erhältlich.

7.8 Inkakorn Quinoa

Im Hochland der südamerikanischen Anden wurde Quinoa als Korn der Inkas schon seit 3000 vor Christus angebaut. Es verlor nach der Eroberung durch die Spanier an Bedeutung und wird erst seit kurzem wieder kultiviert. Es gehört zu den Gänsefußgewächsen. Es enthält wie Amaranth 16% Eiweiß, das in höchst bemerkenswerter Zusammensetzung seiner Aminosäuren an die biologische Wertigkeit von Milchpulver herankommt. Sein Fettgehalt ist mit 7% so hoch wie beim Hafer.

Wenn Sie Quinoa verarbeiten, sollten Sie es zunächst sehr gründlich waschen. Dann können Sie es über Nacht einweichen und am folgenden Tag noch zweimal spülen. Am Abend ist bereits der Keim zu sehen und das gesproßte Getreide eßbereit. Wenn Sie das Korn kochen, ist es bereits nach 15 Minuten gar. Es klebt nicht und hat einen angenehm leichten Geschmack. Sie können daraus auch gut einen Salat bereiten, wie unten beschrieben wird.

Nun zu den Getreiderezepten im einzelnen.

7.9
Gemüsehirse aus dem Punjab

In diesem herrlich schmeckenden und sättigenden Gericht aus dem Fünfstromland, im Nordwesten des indischen Subkontinents gelegen, verbinden sich der nussige Geschmack der Hirse und die cremige Konsistenz der gekochten Feuerlinsen mit dem Biß der Gemüse, eingehüllt in den Duft der exotischen Gewürze. Ein Gericht, das wärmt und befriedigt. Wir servieren es gern auf einem Beet von geschnittenem, rohem Chinakohl.

1 große Zwiebel, gewürfelt

50 g Pflanzenöl oder Butterfett

200 g Hirse

50 g Feuerlinsen

¹/₂ l Wasser

1 TL gekörnte Gemüsebrühe

2 TL mildes Currypulver

1 TL Curryblätter oder Bockshornkleeblätter (Kasuri Methi), zwischen den Fingern zerkrümelt oder

ein Stengel frischer Liebstöckel, fein gehackt

6 im Mörser angestoßene (und dadurch geöffnete) Kardamomkapseln

Kräutersalz

Pfeffer aus der Mühle

2 Karotten, gewürfelt

2 Pastinaken, gewürfelt

1 rote Paprikaschote, gewürfelt

1 grüne Paprikaschote, gewürfelt

100 g grüne Erbsen (evtl. tiefgefroren)

1 EL ganz dünn geschnittene Streifchen frischer Ingwer

Braten Sie die Zwiebel in einem großen Topf in Öl oder Butterfett an. Dann geben Sie die mit möglichst heißem Wasser gespülte Hirse und die folgenden Zutaten bis inkl. Salz und Pfeffer hinzu. Lassen Sie die Hirse aufkochen und garen Sie sie bei kleiner Hitze etwa 10 Minuten. Dann geben Sie die Karotten- und Pastinakenwürfel hinzu und lassen weitere 10 Minuten köcheln. Nun kommen die Paprikawürfel hinzu. Lassen Sie sie weitere 10 Minuten oder so lange garen, bis das Gericht fertig ist. Wenn Ihnen der Topfinhalt zu trocken erscheint, geben Sie noch etwas Wasser hinzu. Vor dem Servieren mischen Sie die Erbsen und den Ingwer darunter und schmecken ab. Richten Sie das Gericht portionsweise auf *geschnittenem Chinakohl* an.

7.10
Gemüse-Biryani Mogulstyle

Ein Biryani ist ein klassisches nordindisches Gericht, das dem eher breiigen und infolge seines Käsegehaltes schwer verdaulichen italienischen Risotto durch seinen Geschmack und durch seine lockere, körnige Konsistenz überlegen ist. Das klassische Biryani wird mit Hammelfleisch gekocht, ein Gemüse-Biryani ist aber auch ein großer Genuß. Wenn Ihnen die hier angegebene Gewürzmischung zu kompliziert ist, besorgen Sie sich beim Inder oder im Asienladen die Biryani-Paste von Patak's, eine hervorragende Mischung, mit der Sie nichts falsch machen können, die aber anders zusammengesetzt ist als unser Vorschlag. Ein gutes Biryani ist ein Festessen. Für alle, für die die angegebene Version zu kompliziert ist, haben wir auf S. 190 noch eine neunzeilige (!) Einfachversion parat.

200 g Basmatireis

400 ccm Wasser

2 TL gekörnte Gemüsebrühe

$^1/_2$ TL Kurkuma

1 Zimtstange, in Stücke zerbrochen (oder $^1/_2$ TL gemahlener Zimt)

6 im Mörser angestoßene (und dadurch geöffnete) Kardamomkapseln

10 ganze Nelken

$^1/_4$ TL gemahlener Koriander

$^1/_4$ TL gemahlener Kreuzkümmel

Kräutersalz

50 g Butterfett

100 g grüne Bohnen, in Stückchen geschnitten

100 g kleine Blumenkohlröschen

100 g Karottenscheiben

100 g Pfifferlinge, Egerlinge oder Austernpilze, in Würfel geschnitten

1 EL Butterfett

100 g grüne Erbsen (etl. tiefgefroren)

$^1/_2$ TL Safranfäden, in einem klei-
nen Mörser pulverisiert und in einer
halben Tasse warmem Wasser auf-
gelöst

2 Zwiebeln, in halbe Ringe geschnit-
ten

1 EL Butterfett (Ghee)

50 g Mandelsplitter

50 g Cashewnüsse, grob gehackt

1 EL in sehr feine Streifchen geschnit-
tene frische Ingwerwurzel

50 g Kokosflocken

3 Tomaten, in Achtel geschnitten

Waschen Sie den Reis, und rösten
Sie ihn auf einer großen Pfanne
trocken. Dann geben Sie ihn in
einen großen Topf und gießen das
Wasser auf. Während sich die Mischung bei großer Hitze zum Kochen anschickt, rühren Sie die folgenden sieben Gewürzzutaten
hinein. Wenn der Reis kocht, stellen Sie die Hitze auf ganz klein
und verschließen den Topf mit

einem Deckel. Lassen Sie den Reis
kochen, bis er fast weich ist.
Schmecken Sie ihn mit Kräutersalz ab und halten Sie ihn heiß.

Inzwischen dünsten Sie die Bohnen, den Blumenkohl und die
Karotten in Butterfett bei kleiner
Flamme zugedeckt bei gelegentlichem Umrühren al dente. Die Pilze braten Sie in einer Pfanne kräftig an.

In eine eingefettete, heiße Auflaufform (mit Deckel) geben Sie
nun zuerst eine Lage Reis, dann
folgt eine Lage Gemüse, Pilze und
Erbsen, und dann widerholt sich
das Ganze noch einmal. Zuoberst
streuen Sie den Rest des Reises.
Zuletzt sprenkeln Sie das warme
Safranwasser über das Gericht
und verschließen die Form dicht
mit dem Deckel. Stellen Sie die
Form in den Backofen und lassen
bei 190° das Gericht fertig garen,
was etwa 20 Minuten dauert.

In der Zwischenzeit braten Sie in
der Pfanne die Zwiebeln, bis sie
fast braun sind, und geben zum
Schluß für ein paar Minuten noch
die Mandeln und die Cashew-

nüsse dazu. Schmecken Sie mit Salz ab.

Zum Servieren häufen Sie den Inhalt der Auflaufform auf eine große, vorgewärmte Platte. Garnieren Sie mit den Zwiebeln, Nüssen, Kokosflocken und Tomatenstückchen.

In der Einfachversion für den Alltag garen Sie den Reis mit etwas Öl, Gemüsebrühe, Patak's Biryani-Paste und dem gewünschten Gemüse und geben das Safranwasser gegen Ende des Kochprozesses zu. Garnieren Sie mit gebratenen Zwiebeln. So einfach geht's auch – und schmeckt sehr gut!

7.11
Gebratener Gemüsereis mit Sprossen

Dieses oder ähnliche Gerichte eignen sich besonders zur Verwertung von Reisresten. Sie sind sehr schnell zubereitet, wohlschmeckend und befriedigend. Wenn Sie immer etwas gekochten Reis im Kühlschrank haben, kann sich sehr leicht eine Sucht nach diesem Gericht entwickeln, weil es so leicht und schnell herzustellen ist und so gut schmeckt. Andere mischen noch Omelettstückchen oder gebratene Fleischstückchen unter den Reis – was ich Ihnen natürlich nicht anrate, weil es keine gute Kombination ist. Es könnte sich aber anbieten, wenn Sie noch einen Fleischesser in der Familie haben und keine völlig verschiedenen Gerichte kochen wollen. Sie braten das Ei oder Fleisch dann separat und mischen es unter eine Portion Gemüsereis.

50 g Pflanzenöl

2 Zwiebeln, kleingehackt

1 Stange Lauch, in Ringe geschnitten

1–2 Zucchini (je nach Größe), gewürfelt

1 rote Paprikaschote, gewürfelt

1 gelbe Paprikaschote, gewürfelt

100 g Linsensprossen, Kichererbsensprossen oder Mungsprossen (oder eine Mischung aus allen dreien)

300 g gekochter Reis (aus 150 g Reis)

Pfeffer aus der Mühle

Kräutersalz

viel kleingehackte Kräuter

Braten Sie die Zwiebeln im Öl in einer großen Pfanne oder einem Wok an, geben Sie dann das restliche Gemüse dazu und braten bzw. dünsten Sie, bis das Gemüse so weich ist, wie Sie es wünschen. Geben Sie dann den Reis hinzu, und würzen Sie mit Pfeffer und Salz (oder nach Ihrem Gusto) und erwärmen das Ganze. Schließlich füllen Sie den gebratenen Reis in eine Servierschüssel. Dekorieren Sie mit gehackten Kräutern. Servieren Sie ihn mit einem Blattsalat.

7.12
Kasha mit Austernpilzen

Gerne hätten wir Ihnen an dieser Stelle ein Kasha-Gericht vorgestellt, das wir aus einer einsamen Bauernkate in der südrussischen Steppe mitgebracht haben. Leider können wir dies nicht, denn wir waren noch nie in Rußland. Statt dessen bieten wir Ihnen das folgende Gericht, das der italienische Küche nachempfunden ist. Das Gericht eignet sich besonders für festliche Gelegenheiten.

150 g gerösteter Buchweizen

300 ccm Wasser

1 TL gekörnte Gemüsebrühe (nach Geschmack mehr)

250 g Austernpilze, in mundgerechte Stückchen geschnitten

1 Zwiebel, fein gehackt

Kräutersalz

Pfeffer aus der Mühle

50 g Olivenöl

100 g Ruccola, in Streifen geschnitten

100 g Spinat, in Streifen geschnitten

15 gehackte Oliven

Olivenöl

Zitronensaft

Garen Sie den Buchweizen mit der Gemüsebrühe und schmecken Sie ab. In der Zwischenzeit braten Sie in einer großen Pfanne die Zwiebeln an und geben bei größter Hitze die Austernpilze hinzu. Die Pilze sollen gebraten, nicht geschmort werden. Dann schmecken sie besser. Wenn sie sehr viel Wasser abgeben, so können Sie dieses auch zum Buchweizen abgießen. Würzen Sie die Pilze mit Pfeffer und Kräutersalz, wenn sie weich sind. Dann richten Sie die Speise portionsweise an:
Zuerst setzen Sie eine in eine Tasse gepreßte, umgestülpte Portion Kasha in die Mitte auf den Teller. Dann umgeben Sie die Kasha mit einer dichten Lage aus Ruccola und Spinat. Darauf verteilen Sie die gebratenen Austernpilze und sprenkeln die gehackten Oliven und etwas Olivenöl und Zitrone darüber.

7.13
Dinkel Osaka

Mit diesem Gericht machen wir mit Ihnen einen kleinen Ausflug in die makrobiotische Küche, die viele gute Ideen aufzuweisen hat, die wir ansonsten aber nicht besonders schätzen, weil sie viel zu wenig Frisches, Rohes, Fruchtiges aufzuweisen hat.

150 g Dinkel

ca. 30 ccm Tamari

2 Karotten, gewürfelt

$^1/_2$ bis 1 Knolle Sellerie (je nach Größe), gewürfelt

1 kleine rote Bete, gewürfelt

50 ccm Sesamöl

1 Stange Lauch, in Ringe geschnitten

50 g Meeresalgen (z. B. Meeressalat), eingeweicht und kleingeschnitten

1 TL gemahlener Koriander

Gomasio

$^1/_2$ Bund Schnittlauch, gehackt

Weichen Sie den Dinkel über Nacht in Wasser ein und garen Sie Ihn dann bei kleiner Hitze. Wenn er weich ist, würzen Sie ihn mit Tamari.

Inzwischen dünsten Sie die Wurzelgemüsewürfel in Sesamöl. Sie können auch etwas Wasser dazugeben, um den Vorgang zu beschleunigen und ein Ansetzen zu verhindern. Nach der Hälfte der Garzeit – also etwa nach 7 Minuten – geben Sie den Lauch dazu und die Meeresalgen.

Vereinen Sie alle Zutaten in einem großen Topf, würzen Sie mit Koriander und Gomasio. Lassen Sie vor dem Essen noch ein wenig durchziehen. Garnieren Sie mit gehacktem Schnittlauch.

7.14
Quinoa Mexicana, Quinoasprossen Mexicana

Ein gezähmter, entschärfter Ausflug ins wilde Mexiko – Gerichte, die gut auf ein kaltes Buffet passen. Probieren Sie's aus, nur Mut!

200 g Quinoa oder Quinoasprossen

1 grüne Paprikaschote, klein gewürfelt

1 gelbe Paprikaschote, klein gewürfelt

1 rote Paprikaschote, klein gewürfelt

4 Eiertomaten oder zwei große Fleischtomaten, klein gewürfelt

1 Stange Sellerie, klein gewürfelt

2 Frühlingszwiebeln, fein gehackt

100 ccm Olivenöl

2 EL Zitronensaft

Pfeffer aus der Mühle

Kräutersalz

100 g grüne Oliven, kleingehackt

1 Peperoncini (Chili), kleingehackt

1 Bund frischer Koriander oder Pfefferminze, kleingehackt

Garen Sie das Quinoa oder keimen Sie es an, wie unter 7.6 beschrieben.

Währenddessen schneiden Sie das Gemüse und bereiten aus den übrigen Zutaten ein Dressing. Schließlich mischen Sie alles zusammen und lassen es an einem kühlen Ort durchziehen.

Tabbouli

Dieser Salat aus Bulgur und Kräutern ist im Vorderen Orient, besonders in den Levantestaaten und in Ägypten, sehr beliebt. Er hat nur einen Haken: im Originalrezept wird der Saft von zwei bis drei Zitronen (oder Limonen) verwendet, was nicht eben zur Verdaulichkeit des Getreides beiträgt. Wir haben die Zitronenmenge reduziert, der Salat schmeckt trotzdem vorzüglich. Tabbouli ist wichtiger Bestandteil eines vorderasiatischen Buffets, zusammen mit Humus (11.3), Tahinisauce (5.5), Felafel (9.3), Auberginenmus (11.8), Salad-e-Sabzi (5.30) u. a.

200 g Bulgur, über Nacht (oder mindestens 1 Std.) in Wasser eingeweicht

3 Frühlingszwiebeln, feinst gehackt

1 Bund Petersilie, feinst gehackt

1 Bund Pfefferminze, feinst gehackt

3 EL kaltgepreßtes Olivenöl

Kräutersalz und Pfeffer aus der Mühle

1 EL Zitronen- oder Limonensaft

3 Tomaten, gewürfelt

Drücken Sie das überschüssige Wasser aus dem Bulgur aus (etwa durch ein feines Sieb) und breiten das Getreide auf einem Küchentuch aus, damit es etwas trocknet. Dann geben Sie den Bulgur zusammen mit den Zwiebeln, den Kräutern, dem Öl und den Gewürzen in eine Schüssel und mischen alles gut durch. Richten Sie den Salat auf *Romana-Salatblättern* an, sprenkeln Sie den Zitronensaft darüber, und garnieren Sie mit den Tomatenstückchen.

7.16
Vollkorn-Hirsenudeln mit Salbei und Gemüse

Dieses Gericht schmeckt auch köstlich mit italienischen Hartweizen-Spaghetti oder Tagliatelle.

250 g Nudeln

1 Zwiebel, fein gewürfelt

50 ccm Olivenöl

3 rote Paprikaschoten, gewürfelt

250 g Spinat, von den groben Stengeln befreit und grob geschnitten

100 g Sonnenblumenkerne

100 ccm Sahne

3 EL fein gehackter Salbei

Pfeffer aus der Mühle

Salz

Während Sie die Nudeln in viel Wasser mit etwas Salz und Öl kochen, bereiten Sie die Sauce: Braten Sie die Zwiebel an, dünsten Sie dann die Paprikaschoten, bis sie so weich sind, wie Sie sie mögen. Dann geben Sie den Spinat hinzu und lassen ihn zusammenfallen. Fügen Sie dann die Sahne und den Salbei hinzu und schmecken mit Pfeffer und Salz ab. Geben Sie Portionen auf, und würzen Sie das Gericht mit ein wenig frisch geriebenem *Parmesan* oder *Pecorino*. Die Zugabe von etwas geriebenem Käse betrachten wir nicht als Fehlkombination, wenn es sich wirklich nur um sehr geringe Mengen – quasi nur um ein Gewürz – handelt.

Devanando O. Weise / Jenny Frederiksen

7.17
Vollkornspaghetti mit Pilzrahmsauce

Dieser Klassiker im italienischen Stil wird Sie begeistern! Die Erbsen sind nicht notwendig, bieten aber etwas fürs Auge, ebenso wie eine Dekoration der Einzelportionen mit Tomatenstückchen. Wenn Sie sich wundern, daß wir bei Nudeln auf Tomatensauce verzichten, hier noch einmal der Grund: Tomatensauce ist sauer, und Saures verhindert die Wirksamkeit des Pytalins im Speichel, das für die Verdauung der Stärke der Spaghetti mit zuständig ist.

250 g Vollkornspaghetti

1 Zwiebel, fein gewürfelt

50 ccm Sonnenblumenöl

250 g Champignons, Egerlinge oder andere Pilze, geputzt und in Stücke geschnitten

125 ccm Sahne

1 TL gekörnte Gemüsebrühe

100 g grüne Erbsen (evtl. tiefgefroren)

1/2 Bund Basilikum, fein gehackt

Pfeffer aus der Mühle

Kräutersalz

Während Sie die Nudeln in viel Wasser mit etwas Salz und Öl kochen, bereiten Sie die Sauce. Braten Sie die Zwiebel an und dünsten dann die Pilze, bis sie so weich sind, wie Sie sie mögen. Dann fügen Sie die Sahne, die Gemüsebrühe, die Erbsen und das Basilikum hinzu. Schmecken Sie mit Pfeffer und Salz ab.

Besonders gut schmeckt das Gericht, wenn Sie *Steinpilze* oder *Pfifferlinge* verwenden.

7.18
Bandnudeln mit Brokkoliröschen

Die Beliebtheit von Brokkoli hat in den letzten Jahrzehnten stark zugenommen. Das ist zu begrüßen, denn Brokkoli ist – wie alle Mitglieder der Kohlfamilie – sehr gesund und besonders potent als Vorbeugung gegen alle möglichen Arten von Krebs. Sie können Brokkoli in kleine Röschen zerpflückt roh unter Ihren Salat mischen oder, wie in diesem Rezept, al dente gegart verzehren. Wir mögen Brokkoli so gern, weil sich in den Röschen die Sauce so gut hält.

250 g Bandnudeln (vielleicht die grünen mit Spinat?)

1 Zwiebel, fein gehackt

50 ccm Sonnenblumenöl

250 g Brokkoliröschen

1 rote Paprikaschote, gewürfelt

125 ccm Sahne

2 EL gehackte Kapern

Rosenpaprika

Pfeffer aus der Mühle

Kräutersalz

1 Bund gemischte Küchenkräuter, fein gehackt

Während Sie die Nudeln in viel Wasser mit etwas Salz und Öl kochen, bereiten Sie die Sauce. Braten Sie die Zwiebel an, dünsten Sie dann mit wenig Wasser die Brokkoliröschen und die Paprikaschoten, bis sie so weich sind, wie Sie sie mögen. Fügen Sie dann die Sahne und die Kapern hinzu. Schmecken Sie mit Paprika, Pfeffer und Salz ab. Geben Sie Portionen auf, und würzen Sie das Gericht mit den Kräutern.

7.19
Seitan mit Biß

Seitan besteht überwiegend aus Weizenprotein. Sie können ihn fertig kaufen oder selbst herstellen, indem Sie z. B. aus 2 kg möglichst feinem Weizenmehl und 1,1 l Wasser einen Teig kneten. Lassen Sie den Teig mindestens 15 Minuten ruhen und kneten ihn dann 15 Minuten kräftig durch. Geben Sie nun den Teig in eine große Schüssel mit Wasser und lassen ihn dort einige Stunden liegen. Dann kneten Sie ihn im Wasser durch. Wenn er zerfällt, gießen Sie das Wasser durch ein Sieb ab und kneten in neuem warmem Wasser weiter. So lösen Sie den Stärkeanteil im Weizen und gießen ihn mit dem Wasser immer wieder ab. Nach 15–20 Minuten ist der Seitan fertig. Wenn Sie länger kneten, steigern Sie den Proteingehalt des Seitans – bis Sie die Stärke schließlich völlig entfernt haben. Ein bißchen weiß soll das Wasser zum Schluß noch sein. Anschließend kochen Sie den Seitanklumpen eine Stunde lang in Wasser. Passen Sie anfangs auf, daß er nicht am Topfboden festklebt. Dieses Rezept gab uns Dr. Franz Susman aus Ljubljana.

Seitan kann in Scheiben geschnitten, z. B. mit Zwiebeln, wie ein Steak gebraten werden oder geschnetzelt mit Sauce oder in Wokgemüse zubereitet werden. Er hat einen herzhaften Biß, der an Fleisch erinnert – er ist also vor allem für jene, die sich von Fleischkost trennen. Seitan kann man auch mit sehr gutem Ergebnis aus Dinkelmehl herstellen.

200

Devanando O. Weise / Jenny Frederiksen

8 Hülsenfrüchte

Eiweißlieferanten

Hülsenfrüchte (Erbsen, Linsen und Bohnen) spielen in der Ernährung der Menschheit, besonders bei der Versorgung mit Eiweiß, eine bedeutende Rolle. Am gesündesten sind sie, wenn man sie angekeimt in Form von Sprossen ißt. Da diese für manche Menschen wenig geschmacklichen Anreiz bieten, empfielt es sich, diese Sprossen anderen Gemüsegerichten kurz vor dem Servieren in kleinen Mengen zuzugeben. Achten Sie dabei darauf, daß die Sprossen nicht unnötig erhitzt werden, weil dabei wichtige Vitalstoffe verlorengehen. Hülsenfruchtsprossen kann man auch zusammen mit anderen Zutaten in der Küchenmaschine mit dem Hackmesser oder im Champion-Entsafter (vgl. Kapitel 2.7) pürieren. Dazu geben wir Ihnen in Kapitel 11 wohlschmeckende Beispiele.

Gut einweichen!

Hülsenfrüchte haben nicht den besten Ruf, weil sie bei vielen Menschen Blähungen hervorrufen, die darauf beruhen, daß der menschliche Organismus zu wenig Enzyme zur Verdauung gewisser komplexer Zucker besitzt, die man α-Galaktoside nennt und die in Hülsenfrüchten vorkommen. Die unverdauten Zucker werden im Dickdarm von Bakterien zerlegt, wobei die unerwünschten Gase frei werden. Je häufiger man Hülsenfrüchte ißt, um so besser paßt sich der Körper an, um so weniger Gasproduktion findet statt. Um das Problem zu minimieren, ist es zweckmäßig, die getrockneten Hülsenfrüchte gründlich einzuweichen, wobei 90% der α-Galaktoside verlorengehen. Verfahren Sie folgendermaßen: Waschen Sie die Hülsenfrüchte gründlich, und schütten Sie das Waschwasser weg. Dann übergießen Sie die Hülsenfrüchte mit kochendem Wasser und lassen sie mindestens vier Stunden (oder besser über Nacht) einweichen. Geben Sie zu dem Einweichwasser pro Tasse Hülsenfrüchte eine Messerspitze Natron. Dadurch wird das Einweichwasser basisch, und die Hülsenfrüchte quellen besser. Dies hat sich auch bei Kichererbsen bewährt, die anschließend sehr gut keimen (wobei Sie natürlich mit kaltem Wasser einweichen müssen). Schütten Sie das Einweichwasser weg, und kochen Sie dann die Hülsenfrüchte in soviel Wasser, daß sie gut damit bedeckt sind. Das nicht aufgesogene, übrigbleibende Kochwasser können Sie für Suppen, Saucen oder zum Verdünnen von Hülsenfruchtpürees verwenden. Linsen brauchen vor dem Kochen nicht eingeweicht zu werden.

Viele Vorteile

Hülsenfrüchte sind von Natur aus eine Kombination von etwa gleichen Mengen konzentrierten Proteins und Stärke und dementsprechend nicht so leicht verdaulich wie wasserhaltige Gemüse – aber leichter verdaulich als künstliche Fehlkombinationen konzentrierter Nährmittel! Wenn Sie abnehmen wollen, sollten Sie deshalb Hülsenfrüchte meiden. Hülsenfrüchte haben eine Reihe bemerkenswerter, positiver medizinischer Eigenschaften für den Organismus: Sie reduzieren den Cholesterinspiegel, enthalten Wirkstoffe gegen Krebs, regulieren die Insulinfreisetzung und den Blutzuckerspiegel, senken den Blutdruck, unterstützen die Darmfunktionen, verhindern und heilen Verstopfung, Hämorrhoiden und andere Darmleiden. Diese Erfolge werden schon erzielt, wenn Sie täglich beispielsweise nur 100 g gekochte Bohnen essen. Wenn Sie sie mit anderen cholesterinsenkenden Mitteln kombinieren (Zwiebeln, Knoblauch, Chilis, Ingwer, Shitake-Pilze etc.), genügt weniger, um Ihr Cholesterin und Ihren

Blutdruck auf normal zu senken. Allein oder zusammen mit relativ bescheidenen Mengen Vollkorngetreide halten Sie Ihren Darm in Schwung und verhindern Darmkrebs (*Carper*). Wenn Sie gesund sind und normale Blutwerte haben, kommen Sie natürlich auch ohne Hülsenfrüchte aus.

Notvorrat

Am bekömmlichsten ist es, wenn Sie die Hülsenfrüchte mit Gemüse oder Salat kombinieren. Mahlzeiten aus z. B. Reis mit Linsen oder Maistortillas mit Bohnen sind jedoch ebenfalls ausreichend gut verdaulich und in Indien bzw. Mexiko sozusagen Nationalgerichte. Hülsenfrüchte sind wie Getreide gut zu lagern, deshalb sollte man sich einen Notvorrat an diesen Lebensmitteln anlegen – nicht wie üblich in Form von Konserven. Wir halten eine Ergänzung von Rohkostnahrung durch gelegentliche Mahlzeiten mit Hülsenfrüchten (ein- bis zweimal pro Woche, je nach Jahreszeit) für sinnvoll und hilfreich.

8.1
Indisches Feuerlinsen-Curry (Dhal)

Dies ist unser Hülsenfrucht-Lieblingsrezept, was nicht nur daran liegt, daß Devanando es auf seinen Reisen durch Pakistan, Indien und Ceylon kennen- und liebengelernt hat. Feuerlinsen sind dort die Hülsenfrüchte mit dem höchsten Prestigewert. Nicht alle können sie sich leisten. Feuerlinsen brauchen nicht eingeweicht zu werden, garen in 15–20 Minuten und sind relativ leicht verdaulich, besonders, wenn sie so gewürzt werden wie unten angegeben. Überhaupt wird die Verdaulichkeit von Hülsenfrüchten durch Gewürze wesentlich verbessert. Der Name soll Ihnen keine Angst machen: Sie brennen im Mund nicht wie Feuer. Sie heißen nur so, weil sie rot sind, beim Kochen werden sie allerdings gelb. In dem indischen Wüstenstaat Rajesthan mit seinen malerischen Schlössern und Tempeln serviert man Feuerlinsen mit Unmengen Ghee (Butterfett) – wenn man es sich leisten kann. Das ist natürlich nicht gesund.

250 g rote Feuerlinsen

$1/2$ l Wasser

1 TL gekörnte Gemüsebrühe

$1/2$ TL Kurkumapulver

$1/2$ TL Kardamompulver

1 große Zwiebel, in halbe Ringe geschnitten

50–100 g Butterfett (nach Wunsch – mehr Butterfett erhöht den Geschmack)

2 EL frische Ingwerwurzel, in dünne Streifchen geschnitten

1 Chilischote mit oder ohne Körner, kleingehackt (nach Wunsch)

$1/2$ TL gemahlener Kreuzkümmel

$1/2$ TL gemahlener Koriander

$1/4$ TL Asant (nach Wunsch)

1 TL zerkrümelte Curryblätter oder Kasuri-Methi-Blätter (herrliches Aroma)

2 Tomaten, in Stückchen geschnitten

1/4 Bund frischer Koriander oder ersatzweise Liebstöckel, gehackt

Kräutersalz

Waschen Sie die Feuerlinsen und kochen Sie sie im Wasser mit der gekörnten Gemüsebrühe und dem Kurkuma- und Kardamompulver weich. Wenn zuviel Wasser verdunstet, müssen Sie noch welches nachfüllen. Es soll ein flüssiger Brei entstehen. Es dauert etwa 20 Minuten, bis die Linsen weich sind.

In der Zwischenzeit braten Sie die Zwiebelringe im Butterfett in einer Pfanne, bis die Zwiebeln bräunen. Dann geben Sie den Ingwer und die Chilischote hinzu und braten 1–2 Minuten. Es folgen die trockenen Gewürze, und Sie lassen das Ganze noch einige Minuten unter ständigem Rühren über mittlerer Hitze braten. Dieses Anrösten der Gewürze lockt die ätherischen Öle hervor und ergibt einen intensiveren Geschmack. Diese Mischung rühren Sie dann in die Linsen, geben noch die Tomatenstücke hinzu, lassen fünf Minuten im geschlossenen Topf durchziehen und schmecken schließlich mit Salz ab. In einer Servierschüssel garnieren Sie die Linsen mit frischem Koriander und reichen dazu gedünstetes Gemüse oder Reis, Hirse oder Fladenbrot.

In Indien heißt ein solches Gericht schlicht Dhal (Hülsenfrüchte). Sie können Dhal auch mit anderen Linsen, Erbsen oder sogar Bohnen zubereiten. Ihrer Würzkunst sind dabei keine Grenzen gesetzt. Variieren Sie! Selbstverständlich genügt es auch, wenn Sie den Dhal nur mit einem fertigen Currypulver, Pfeffer und Salz würzen. Wenn Sie den original indischen Geschmack nicht kennen, werden Sie ihn auch nicht vermissen, und das Gericht wird Ihnen auch so vortrefflich munden.

Japanisches Bohnen-Algen-Gemüse

Dieses Gericht ist der japanischen Kochkunst nachempfunden und in „Gourmet's Garden" sehr beliebt. Wir servieren es dort gerne im Herbst und Winter

250 g kleine schwarze Bohnen

$^1/_2$ l Wasser

50 ccm Sesamöl

3 mittelgroße Zwiebeln, gewürfelt

1 Zehe Knoblauch, gepreßt (nach Wunsch)

2 EL frische Ingwerwurzel, in feine Streifchen geschnitten

$^1/_2$ TL ganzer Kreuzkümmel

1 EL Tamari

Pfeffer aus der Mühle

1 TL gekörnte Gemüsebrühe, in 100 ccm Bohnen-Kochwasser aufgelöst

30 g Hizikialgen, in Wasser eingeweicht, weich gekocht und in etwas Öl angebraten

etwas Zitronensaft

50 ccm Sesamöl

2 große Karotten, in feine Streifen geschnitten

2 Stangen Lauch, schräg in Scheiben geschnitten

100 g frische Shitake-Pilze, in Scheiben geschnitten

100 ccm Reiswein oder trockener Sherry

1–2 EL Tamari

etwas frisch geriebener Meerrettich (oder aus dem Glas)

etwas fein geschnittener Schnittlauch

Weichen Sie die Bohnen über Nacht ein (siehe oben) und kochen Sie sie, bis sie weich sind. Inzwischen braten Sie die Zwiebeln in Öl an, geben Knoblauch, Ingwer, Kreuzkümmel und die gegarten Bohnen (ohne Kochwasser) hinzu. Unter häufigem Rühren braten Sie diese Mischung fünf Minuten lang gut durch und würzen mit Tamari und Pfeffer. Zum Schluß geben Sie ca. 100 ccm Bohnen-Kochwasser mit Gemüsebrühe und die Algen hinzu, schmecken mit Tamari und Zitronensaft ab und stellen das Gericht zur Seite.

In einem Wok braten Sie Gemüse und Pilze in Sesamöl ein paar Minuten an. Garen Sie es dann zugedeckt in Reiswein. Würzen Sie mit Tamari. Geben Sie das Gemüse in eine Servierschüssel. Dekorieren Sie mit Meerrettich und Schnittlauch. Servieren Sie es gemeinsam mit den schwarzen Bohnen.

Hülsenfrüchte

8.3
Frijoles refritos: mexikanische Bohnen

Hier ist ein mexikanisches Nationalgericht, wahrscheinlich das außerhalb Mexikos bekannteste. Die Bohnen sind Bestandteil sehr vieler Mahlzeiten, und die Kombination aus Weizen- oder Maistortillas mit Bohnen ist die Standardernährung breitester Bevölkerungsschichten. In dieser Kombination sind alle Aminosäuren in ausgewogenem Verhältnis enthalten. Servieren Sie Frijoles refritos zusammen mit Tortillachips, Salsa (Rezept 14.10) und Guacamole (vgl. Rezept 6.9) – ein herrlicher Partysnack!

250 g Wachtelbohnen oder rote Nierenbohnen

3 Lorbeerblätter

2 mittelgroße Zwiebeln, gewürfelt

50 ccm Pflanzenöl

1 Peperoncini (Chili), fein gehackt (nach Wunsch)

1 Zehe Knoblauch, gepreßt (nach Wunsch)

$^1/_3$ TL gemahlener Kreuzkümmel

1 TL gekörnte Gemüsebrühe

Kräutersalz

Pfeffer aus der Mühle

Weichen Sie die Bohnen über Nacht ein. Kochen Sie, wie oben beschrieben, mit den Lorbeerblättern, die Sie herausnehmen, wenn die Bohnen gar sind.

Braten Sie die Zwiebeln in einer großen Pfanne, bis sie bräunen. Geben Sie dann die Peperoncini, den Knoblauch und den Kreuzkümmel hinzu. Braten Sie noch zwei Minuten unter ständigem Rühren weiter. Geben Sie dann die Bohnen (ohne das Kochwasser) hinzu. Mit einem gelochten Kartoffelstampfer musen Sie die Bohnen und geben soviel Kochwasser dazu, daß ein Brei entsteht. Würzen Sie mit Salz und Pfeffer.

Als Hauptgericht schmecken diese Bohnen mit einem großen bunten Salat aus Blattsalaten, Gurken, Tomaten, Paprika und Mais.

8.4
Spanische Kichererbsen(sprossen)

Kichererbsen sind bei uns nicht sehr bekannt. Woher der lustige Name kommt? Nun, halten Sie einmal Ihr Ohr über die Wasseroberfläche einer Schüssel mit gerade eingeweichten Kichererbsen. Sie werden hören und staunen!

---

150 g Kichererbsen

$^1/_4$ TL Natron (geht auch ohne)

---

2 mittelgroße Zwiebeln, fein gehackt

---

50 ccm Olivenöl

---

1 gelbe Paprika, gewürfelt

---

1 grüne Paprika, gewürfelt

---

6 Tomaten, gewürfelt

---

100 g grüne Oliven, entsteint und fein gehackt

---

1 Knoblauchzehe, gepreßt (nach Wunsch)

$^1/_2$ Bund Petersilie, fein gehackt

Pfeffer aus der Mühle, Kräutersalz

Weichen Sie die Kichererbsen über Nacht (mit dem Natron) ein, und gießen Sie am Morgen das Einweichwasser weg. Spülen Sie gut durch, und lassen Sie die feuchten Kichererbsen ohne Wasser sprossen. Wiederholen Sie das Spülen drei- bis viermal täglich (besonders gründlich, wenn es warm ist). Nach zwei bis drei Tagen erscheinen die Sprossen, und die Kichererbsen sind eßfertig.

Wenn Sie nicht so lange warten wollen, kochen Sie die Kichererbsen nach dem Einweichen weich. Die Sprossen sind allerdings gesünder.

Braten Sie die Zwiebeln in Olivenöl an, geben Sie dann die Paprikaschoten hinzu. Wenn diese weich sind, geben Sie die Tomaten und die Kichererbsensprossen oder die gekochten Kichererbsen hinzu. Würzen Sie mit den restlichen Zutaten. Dieses Gericht schmeckt sehr gut kalt als Vorspeise oder auch warm als Hauptgericht. Wir empfehlen dazu gebuttertes Vollkornbaguette.

8.5
Exotische Linsen mit Gemüse und Kokossauce

Dies ist nicht das klassische Tellerlinsengericht, das Sie aus Mutters Küche kennen, wenn Sie an saure Linsen mit Würstchen denken. Wir bieten Ihnen eine neue eigene Kreation. Tellerlinsen eignen sich übrigens hervorragend zum Sprossen.

150 g Tellerlinsen

300 ccm Weiswein

3 Lorbeerblätter

1 TL gekörnte Gemüsebrühe

2 Zwiebeln, fein gehackt

50 ccm Pflanzenöl

2 rote Paprikaschoten

2 Stangen Lauch

2 (nicht zu weiche) Bananen

100 g Kokosraspeln

200 ccm Wasser

150 g Kokoscreme (eingedickte Kokosmilch)

1–2 TL Currypulver

Kräutersalz

Pfeffer aus der Mühle

Kochen Sie die Linsen mit den Lorbeerblättern und der Gemüsebrühe im Weißwein auf kleiner Flamme gar.

In der Zwischenzeit braten Sie die Zwiebeln in Öl an. Geben Sie dann die Paprikaschoten und den Lauch hinzu. Dünsten Sie mit geschlossenem Deckel und niedriger Hitze, bis alles so weich ist, wie Sie es mögen. Zum Schluß geben Sie noch die in Scheiben geschnittenen Bananen hinzu und nehmen das Gericht vom Herd. Garnieren Sie das Gemüse in einer Schüssel mit den Kokosraspeln.

Für die Sauce erhitzen Sie das Wasser, lösen darin die Kokoscreme auf und würzen mit Curry, Salz und Pfeffer.

Dies ist ein komplettes Gericht. Ein Getreide würden wir dazu nur reichen, wenn Sie sehr hungrige Mäuler zu stopfen haben.

8.6
Tofu und Tofu Mexicana

Tofu ist ein Sojabohnenprodukt, das aus China und Japan zu uns gelangt ist und inzwischen hier hergestellt wird. Es ist sozusagen Sojakäse (aus Sojamilch) und enthält neben Wasser bis zu 8% Eiweiß, 4% Fett und ca. 3% Kohlenhydrate, daneben eine Reihe von Mineralstoffen, z. B. Kalzium. Tofu wird bei uns gerne von Menschen gegessen, die sich vom Fleisch verabschiedet haben, weil er als Proteinlieferant dienen kann. Tofu hat so gut wie keinen Eigengeschmack, und auch sein Biß ist nicht besonders attraktiv. Interessant wird Tofu erst durch entsprechendes Marinieren, Würzen, Braten, Frittieren, Backen, Kochen oder Garen nach dem Einfrieren (gibt Biß) – also durch intensive küchentechnische Arbeiten.

Dabei muß man sich vor Augen führen, daß Tofu schon beim Herstellungsprozeß mehrfach erhitzt und extrahiert wurde. Es handelt sich also – selbst wenn man ihn unbehandelt ißt – nicht um ein Vollwert-, sondern nur um ein Teilwertprodukt, wie etwa Weißmehl. Bevor Sie also beginnen, sich aus Angst vor Proteinmangel Tofu anzutrainieren, sollten Sie überlegen, ob sich die Mühe lohnt. Wir würden so ein weniger gesundes Lebensmittel – gelegentlich – nur dann essen, wenn der geschmackliche Gewinn anders nicht erreichbar wäre und wir nicht darauf verzichten könnten. Wenn Sie aber statt Tofu die gleiche Menge Linsen, Erbsen oder Bohnen essen, erhalten Sie bis zu dreimal soviel Protein. Ganz besonders gut sind Sie natürlich dran, wenn Sie die Hülsenfrüchte als Sprossen unerhitzt essen. Wenn Sie die Hülsenfrüchte – wie oben beschrieben – richtig zubereiten, dann ist ihre Verdaulichkeit auch nicht schlechter als diejenige von Tofu.

Ein Tofurezept möchten wir Ihnen aber hier verraten, weil es seit Jahren ein Renner in Gourmet's Garden ist: Tofu Mexicana.

---

250 g frischer Tofu, in Würfel von ca. 1 cm Kantenlänge geschnitten

---

3 EL Olivenöl

Saft von einer ganzen, großen Zitrone oder (geschmacklich besser) von zwei Limonen

2 Tomaten, fein gewürfelt

1 kleine rote Zwiebel, sehr fein gewürfelt

1 Peperoncini, kleingehackt

10 grüne, gefüllte Oliven, kleingehackt

$^1/_2$ Bund frischer Koriander (Cilantro)

Kräutersalz

Pfeffer aus der Mühle

Mischen Sie alle Zutaten, und schmecken Sie mit Salz und Pfeffer ab. Lassen Sie den Salat an einem kühlen Ort eine Stunde durchziehen.

Wenn Sie eines der in Kapitel 6 aufgeführten Gemüsegerichte bereiten, können Sie – wenn Sie wollen – immer einige Würfel Tofu dazugeben. Wenn Sie Tofu in der Pfanne braten, sollten Sie ihn vorher einige Zeit in Tamari mit Gewürzen marinieren oder, wenn Sie mehr Biß haben wollen, den Tofu vorher – auch schon mariniert – einige Stunden einfrieren (und wieder auftauen).

8.7
Tempeh-Variationen

Tempeh kommt aus Indonesien und ist ein fermentiertes Sojabohnenprodukt, das man bei uns in Naturkostläden kaufen kann. Es hat rd. 20% Protein – wie Fleisch – und ist geschmacklich interessanter als Tofu – allerdings auch nur, wenn es richtig zubereitet und gewürzt wird. Sie erhalten es in 1–3 cm dicken Platten, bei denen Sie die einzelnen (gekochten) Bohnen und das sie umgebende Pilzmycel (ähnlich wie beim Camembert) erkennen können.

Drei Zubereitungsarten möchten wir Ihnen hier vorstellen, beide gehören nicht zu den schonendsten Garverfahren – betrachten Sie Tempeh daher als etwas Besonderes, das Sie sich nur ab und zu genehmigen – wenn es Ihnen denn überhaupt zusagt. Wenn Sie geschmacklich keinen Gefallen daran finden, dann vergessen Sie ihn wieder.

1. Schneiden Sie den Tempeh in 3–4 mm dicke Streifen und frittieren oder braten Sie diese. Würzen Sie sie mit *Kräutersalz* und *Pfeffer* und servieren Sie den Tempeh z. B. zu einem chinesischen Gemüsegericht aus dem Wok oder mit Tahinisauce (Rezept 5.5).

2. Panieren Sie eine dünne Tempehplatte wie ein Wiener Schnitzel, also mit *verquirltem Ei, Pfeffer* und *Kräutersalz* und *Semmelbröseln* und braten Sie sie in der Pfanne. Servieren Sie gedünstetes Gemüse dazu.

3. Geben Sie Tempehwürfel in Saucengerichte, und lassen Sie den Tempeh ein paar Minuten mitgaren. Er wird dann weich und schmeckt manchen Leuten so am besten.

Bitte beachten Sie

Tofu, Tempeh, Seitan und die industriellen Sojaprodukte wie Sojawürstchen, Sojazart (von Granovita), texturiertes Sojaprotein (TVP), Sojagranulat, Sojabratlingsmischungen und ähnliche Produkte können beim Abschied vom Fleisch als Hilfe und Ersatz dienen. Sie gehören aber nicht zu den Produkten, die wir auf Dauer empfehlen. Es handelt sich dabei noch nicht einmal um Vollwertprodukte! Das Eiweiß ist stark denaturiert, und viele dieser Produkte haben einen langen industriellen Fertigungsweg mit allen diesbezüglichen Nachteilen hinter sich. Sie mögen alte Geschmacksvorstellungen befriedigen und sind für die meisten Menschen mehr zu empfehlen als Fleisch, belasten den Organismus aber auf Dauer mehr, als sie ihm nutzen. Dies liegt auch daran, weil man – um einen fleischähnlichen Geschmack zu erzielen – panieren, braten oder frittieren muß – alles Methoden, die nicht gesund und daher nicht empfehlenswert sind.

9 Bratlinge und Bällchen

Bratlinge, Pflanzerl, Buletten, Burger, Frikadellen usw.: Es gibt so viele Namen wie Landstriche. Die Verwendung von Hackfleisch kennt offenbar keine Grenzen, und auch in Vegetarierkreisen machen sich Bratlinge verschiedenster Art breit. In vielen Rezepten für Bratlinge (mit oder ohne Fleisch) wird mit Eiern gearbeitet, welche die Masse zusammenhalten sollen. Wir geben Ihnen hier Rezepte ohne Eier, empfehlen Ihnen aber, die Bratlinge nicht in der Pfanne zu braten; erstens brauchen Sie sie dann nicht (mehrmals) zu wenden, wobei sie zerfallen könnten, und zweitens saugen die Bratlinge in der Pfanne immer viel hocherhitztes Fett auf, was ungesund ist. Wir empfehlen Ihnen statt dessen, die Bratlinge auf einem nur leicht eingefetteten Blech in der Röhre zu garen. Für die meisten Vegetarier sind solche Bällchen nur in der Umstellungsphase weg vom Fleisch interessant (vgl. S. 214).

9.1
Deftige Gemüsepflanzerl

100 g fein geriebene Karotten

100 g fein geriebene Knollensellerie

100 g sehr fein geschnittene Lauchringe

¹/₂ Bund Petersilie, fein gehackt

200 g Tofu, mit einer Gabel sehr fein zerdrückt

1 kleine rote Zwiebel, feinst gehackt

2 cm Ingwerwurzel, gerieben

1 Zehe Knoblauch, durchgedrückt (nach Wahl)

1 Peperoncini oder Chilischote, mit oder ohne Körner, fein gehackt (nach Wahl)

1 TL gekörnte Gemüsebrühe

Pfeffer aus der Mühle

Kräutersalz

Verkneten Sie die Zutaten, schmecken mit Pfeffer und Salz ab, und formen Sie 10 Bratlinge, die Sie auf einem eingefetteten Blech im Ofen bei 190° garen.

9.2
Türkische Linsenbällchen

Dieses Gericht aus der Türkei ist eine echte Geschmacksüberraschung und so recht dafür geeignet, sich das Fleischessen abzugewöhnen. Sie werden einmal mehr merken, wie sehr es auf die Würzkunst ankommt, denn auch ungewürztes Fleisch schmeckt bekanntlich reichlich fade.

---

300 g Feuerlinsen

---

100 g Bulgur

---

1 mittelgroße Zwiebel, sehr fein gehackt

---

50 ccm Sesamöl

$^1/_2$ TL gemahlener Kreuzkümmel

$^1/_2$ TL gemahlener Koriander

---

1 Zehe Knoblauch, gepreßt

---

2 TL gekörnte Gemüsebrühe

Pfeffer aus der Mühle

Kräutersalz

Kochen Sie die Linsen und den Bulgur (getrennt). Braten Sie die Zwiebeln in Sesamöl, bis sie braun sind. Geben Sie die Gewürze und den Knoblauch dazu, und braten Sie noch eine Minute weiter. Dann geben Sie alle Zutaten in eine Schüssel und verkneten sie. Schmecken Sie mit Pfeffer und Salz ab, und formen Sie kleine Bällchen daraus, die Sie so essen können. Sie können Sie aber auch auf dem Blech im Ofen oder in einer Sauce (vgl. Kapitel 6) wärmen. Dazu paßt gedünstetes Gemüse oder Getreide.

Felafel sind Kichererbsenbällchen, die im Vorderen Orient sehr beliebt sind. Sie werden meist zusammen mit Tahinisauce (5.5), Humus (11.3) und Fladenbrot gegessen. Wenn Sie also mal einen orientalischen Abend machen wollen, dann bereiten Sie alle drei zu, außerdem Tabbouli (7.15) und Auberginenpüree (11.8). Servieren Sie sie mit Fladenbrot und einem großen, bunten Salat mit vielen Kräutern (5.13, 5.30). Für die Felafel benötigen Sie:

220 g Kichererbsen

$^1/_2$ TL Natron

60 g Bulgur

1–2 Knoblauchzehen, gepreßt

3 Frühlingszwiebeln, fein gehackt

50 g Sesam

$^1/_2$ TL gemahlener Kreuzkümmel

$^1/_2$ TL gemahlener Koriander

1 EL fein gehackte Petersilie

1 TL Backpulver oder Natron

Salz

Pfeffer aus der Mühle

Weichen Sie die Kichererbsen über Nacht (mit Natron) ein. Spülen Sie die Erbsen gut durch und mahlen Sie sie sehr fein (z. B. in der Gemüsereibe mit der feinsten Scheibe).

Überbrühen Sie den Bulgur mit kochendem Wasser, und lassen Sie die Mischung zehn Minuten stehen. Drücken Sie dann das überflüssige Wasser aus.

Mischen Sie alle Zutaten, und lassen Sie die Mischung gekühlt eine Stunde ruhen. Formen Sie dann mit nassen Händen flache Bällchen aus jeweils zwei EL Masse. Lassen Sie die Felafel nochmals 30 Minuten ruhen. Dann legen Sie sie auf ein eingefettetes Backblech und backen sie im Ofen bei 190°, bis sie durch sind (ca. 30 Minuten). Sie können sie natürlich auch frittieren, wie man dies in den Ursprungsländern tut. Wir empfehlen dies aus gesundheitlichen Gründen nicht, weil das hoch- und lang erhitzte Öl aus Fritteusen schwer verdaulich und schadstoffreich ist.

Felafel werden im Orient in Fladenbrot mit Hummus und Kräutern gerollt.

10 Suppen

Ludwig XIV. hielt an seinem Hof eigens für die Zubereitung von Suppen mehrere Köche. Napoleon – sowohl Genießer wie Vielfraß, also Gourmet und Gourmand – soll sich noch auf St. Helena bei seinem Koch über schlechte Suppen beklagt haben. *Brillat-Savarin* schrieb in seinem bemerkenswerten Buch „Physiologie des Geschmacks" (1825) folgenden Satz: „Die Suppe ist eine gesunde, leichte, nahrhafte Speise, die aller Welt zusagt; sie erfreut den Magen, wirkt appetitanregend und bereitet so die Verdauung vor." Er preist die Suppe als „die Grundlage der französischen Ernährung". Freilich diente damals Fleischbrühe als Grundlage für die meisten Suppen, obwohl auch rein vegetarische Kreationen etwa aus Kartoffeln oder Getreide wie auch aus Gemüse (z. B. die italienische „Minestrone") bekannt waren.

Mit der Erfindung der ersten kochfertigen Suppenmehle durch *Julius Maggi* und der ersten Suppentabletten durch *Carl Heinrich Knorr* im Jahre 1886 begann die Entwicklung der industriellen Halbfertig- und Fertigprodukte, die unser Eßverhalten und damit unsere Gesundheit bis heute so nachhaltig (und) nachteilig beeinflußt haben. Auf „Beutelsuppen" trifft das oben zitierte Lob der Suppe sicherlich nicht zu; um so mehr ist dies bei den folgenden Rezepten der Fall. Wir unterscheiden dabei zwei Varianten: Die ersten fünf Rezepte sind Rohkostsuppen, die Sie entweder mit Zimmertemperatur oder im Wasserbad leicht erwärmt essen. Sie eignen sich vor allem für die Sommermonate. Am Morgen, bei kühlem Wetter oder im Winter werden Sie jedoch auch Gefallen an den „richtigen" Suppen finden, einfach deshalb, weil sie dem Körper zusätzlich Wärme zuführen.

10.1
Rohe Gemüsecremesuppe

¹/₂ l frisch gepreßter Karottensaft

2 Tomaten, gewürfelt

1 reife (weiche) Avocado, geschält und entsteint

1 kleine rote Zwiebel, feinst gehackt (nach Wunsch)

1 Paprikaschote, gewürfelt

1 kleine Gurke, gewürfelt

¹/₂ Bund Petersilie, fein gehackt

Pfeffer aus der Mühle

Kräutersalz

Pürieren Sie alle Zutaten, und schmecken Sie mit Pfeffer und Salz ab. Die Avocado gibt der Suppe Sämigkeit.

10.2
Rohe Tomatencremesuppe

3 große Fleischtomaten, grob gewürfelt

250 ccm Mandelmilch oder Stangenselleriesaft oder Wasser

1 reife (weiche) Avocado, geschält und entsteint

1 TL Zitronensaft

1 TL Currypulver

Oregano

Basilikum

Pfeffer aus der Mühle

Kräutersalz

Pürieren Sie alle Zutaten, und schmecken Sie mit Pfeffer und Salz ab.

10.3
Rohe Karottencremesuppe

³/₄ l frisch gepreßter Karottensaft

1 reife (weiche) Avocado, geschält und entsteint

100 g Cashewnüsse, mehrere Stunden oder über Nacht eingeweicht

1–2 TL gemahlener Kreuzkümmel (nach Geschmack)

Pfeffer aus der Mühle

Kräutersalz

Pürieren Sie die ersten drei Zutaten, und schmecken Sie dann mit den Gewürzen ab.

10.4
Rohe Fenchel-Sellerie-Cremesuppe

200 ccm Knollen- oder Stangenselleriesaft

600 ccm frisch gepreßter Fenchelsaft

1 reife (weiche) Avocado, geschält und entsteint

100 g Sonnenblumenkerne, über Nacht eingeweicht

1 EL Zitronensaft

Pfeffer aus der Mühle

Kräutersalz

Pürieren Sie die ersten vier Zutaten in der Küchenmaschine und schmecken dann mit Zitronensaft, Pfeffer und Salz ab.

10.5
Avocadosuppe aus Kerala/Indien

Diese Suppe stammt aus dem herrlichen Land der Lagunen und Palmen im Süden Indiens, aus Kerala, das Devanando in seinem Buch „Melone zum Frühstück" in der letzten Geschichte ausführlich beschrieben hat. Für ihn zählt dieser Landstrich zu den gesegnetsten Gegenden dieser Erde. Schönheit und Üppigkeit, natürlicher Reichtum und der Bienenfleiß der Menschen sind kaum zu übertreffen.

1/2 l Wasser

1 reife (weiche) Avocado, geschält und entsteint

150 g frische Kokosnuß, fein geraspelt, oder ersatzweise Kokosflocken

125 ccm Naturyoghurt

1 Knoblauchzehe, gepreßt (nach Wunsch)

1 Chilischote oder Peperoncini, mit oder ohne Kerne (je nach gewünschter Schärfe), fein gehackt

1/2 TL gemahlener Kreuzkümmel

2 EL Zitronensaft

Kräutersalz

2 EL fein gehackte, frische Korianderblätter (Cilantro) zum Garnieren

Pürieren Sie alle Zutaten, und schmecken Sie dann mit Salz ab. Garnieren Sie die Einzelportionen mit dem Koriander, und servieren Sie sofort.

10.6
Delikate Gemüsesuppe

Diese Gemüsesuppe wird nicht gekocht, sie zieht nur durch. Sie können sie ganz einfach zubereiten, Ihrer Phantasie sind dabei keine Grenzen gesetzt. Sie bringen (für drei Personen) $^1/_2$–1 l *Wasser* zum Kochen und geben dahinein alle möglichen Arten von *kleingeschnittenem Gemüse.* Wählen Sie dabei vor allem die würzigen Sorten, also z. B. *Wurzelgemüse.* Stellen Sie die Hitze dann auf ganz klein, und nehmen Sie den Topf nach 5 Minuten vom Herd. Die Suppe soll nicht kochen! Lassen Sie die Suppe bei zugedecktem Topf so lange ziehen, bis das Gemüse so weich ist, wie Sie es mögen (10–30 Minuten). Sie würzen die Suppe mit *gekörnter Gemüsebrühe* oder *Sojasauce, Zitronensaft* und/oder *Pfeffer* und *Kräutersalz* oder anderen Gewürzen Ihrer Wahl, z. B. etwas *frisch geriebenem Ingwer.* Wenn die Suppe im Teller ist, streuen Sie reichlich *gehackte frische Kräuter* Ihrer Wahl darüber. Sie können die Suppe natürlich auch noch mit etwas *Butter* oder *Pflanzenöl* verfeinern.

Wenn Sie eine Gemüsebrühe herstellen wollen, dann sollten Sie das Gemüse sehr fein schneiden und länger ziehen lassen, bevor Sie es abseihen. Wenn Sie eine Gemüsecremesuppe möchten, pürieren Sie das durchgezogene Gemüse zusammen mit einem Teil der Brühe. Anschließend lassen Sie noch ein wenig durchziehen und verfeinern die Suppe mit etwas *Sahne.* Wenn sie etwas gehaltvoller sein soll oder Sie besondere Genießer geladen haben, servieren Sie die Suppe mit einem Teelöffel *Basilikumbutter* (Rezept 11.10) pro Person oder mit etwas *geriebenem Käse.*

10.7
Indische Linsensuppe mit Sprossen, Kichadie

Stellen Sie einen Dhal her, entsprechend dem Rezept 8.1. Verdünnen Sie den Brei mit Wasser (mit *gekörnter Gemüsebrühe*) so, daß die entstehende Suppe Ihren Vorstellungen entspricht. Würzen Sie mit den angegebenen Gewürzen nach. Dann geben Sie pro Person eine Handvoll *Linsensprossen* hinein und dekorieren mit kleingehacktem frischem *Koriander* oder *Liebstöckel*. Die im Rezept angegebenen Tomaten sollten Sie fein würfeln.

Bei einem in der ayurvedischen Küche sehr beliebten Gericht werden *Reis* und die *$1^1/_2$fache Menge Feuerlinsen mit viel Wasser* zu einer Suppe gekocht, die man Khichri oder Kichadie nennt. Dieses Gericht gilt in Indien als die ideale Nahrung für alle, die an chronischem Durchfall leiden, Magengeschwüre haben oder Nahrung nur schlecht verdauen können, bzw. generell für solche, die leicht essen möchten. Es ist also eine Art Schonkost, die häufig nur mit etwas Salz gewürzt wird und trotzdem gut schmeckt. Wenn Sie gesund sind, können Sie Ihr Kichadie auch wie die oben genannte Linsensuppe würzen, oder Sie lassen Ihrer Phantasie freien Lauf. Sie können auch gleich verschiedene Arten von Gemüse mitgaren.

10.8
Misosuppe

Die Suppe ist sozusagen das symbolische Abbild des Urmeeres, in dem das Leben einst begann. Es ist deshalb naheliegend, daß eine gute Suppe etwas Meeresgemüse (Algen) und etwas Miso und Sojasauce enthält, entsprechend der salzigen Zusammensetzung des Ozeans, aus dem die ersten Lebewesen hervorgingen. Miso ist ein weiches, dunkles Püree, das aus fermentierten Sojabohnen, Gerste oder Reis und Meersalz bereitet und mehrere Monate oder Jahre zum Reifen gelagert wird. Miso ist etwas süßlich und sehr fein im Geschmack. Man benutzt es zum Würzen von Suppen, Saucen u. a. Miso enthält lebende Enzyme, die das Blut stärken, die Verdauung unterstützen und den Körper auch mit allen anderen wichtigen Stoffen versorgen. Einer Legende zufolge war Miso ein Geschenk der Götter an die Menschen, um Gesundheit, Glück und Langlebigkeit zu gewährleisten. Medizinische Studien in Japan ergaben, daß Leute, die täglich Misosuppe essen, weniger oft an Krebs, Herzkrankheiten oder anderen Leiden erkranken als der Durchschnitt. Wenn Sie Miso kaufen, vergewissern Sie sich, daß es ein natürlich hergestelltes, chemiefreies, nicht konserviertes (erhitztes) Produkt ist. Es gibt verschiedene Sorten – lassen Sie sich im Naturkostladen beraten, wenn Sie ein Misosuppenfan werden wollen.

Für eine einfache Misosuppe am Morgen verrühren Sie einen Teelöffel Miso in einem großen Glas trinkwarmem Wasser. Wenn Sie eine richtige Suppe zubereiten wollen, gehen Sie am besten so vor:

$^3/_4$ *l Wasser*

---

ca. 7 cm Wakame-Algen, fünf Minuten eingeweicht und gespült und in 9 Stücke geschnitten

---

1 Stange Lauch, in feine Ringe geschnitten

---

1 cm frische Ingwerwurzel, in feinste Streifchen geschnitten

---

ca. 3 TL Miso

Tamari

226

gehacktes Zwiebelgrün, Schnittlauch oder Kräuter

Bringen Sie das Wasser zum Kochen, und geben Sie dann die Algenstückchen und Lauchringe dazu. Lassen Sie bei kleiner Flamme ca. 5 Minuten köcheln. Dann geben Sie den Ingwer dazu und lassen die Suppe auf Eßtemperatur abkühlen. Schöpfen Sie nun einige Eßlöffel der Suppe in eine Tasse, verrühren darin das Miso und geben den Tasseninhalt in die Suppe – die Enzyme des Miso sollen nicht durch hohe Temperaturen zerstört werden. Schmekken Sie mit Tamari oder Shoyu (Sojasauce) ab, und streuen Sie über die Einzelportionen das gehackte Grün.

Diese „Grundsuppe" können Sie natürlich beliebig variieren. Sie können andere Algen verwenden – probieren Sie doch einmal *Seegemüse, Dulse* oder *Hiziki.* Auch eine Handvoll *Sprossen* in den Tellern, auf die Sie die Suppe gießen, macht sich sehr gut. *Kleingeschnittene Pilze* passen auch sehr gut, z. B. *Shitake* (für drei Personen reicht ein getrockneter, eingeweichter Pilz, weil sie sehr intensiv sind) oder *Egerlinge* und natürlich andere *kleingeschnittene Gemüse. Knollensellerie* paßt gut zu Miso. Seien Sie kreativ!

10.9
Karottencremesuppe mit Koriander

³/₄ l Wasser

1 EL gekörnte Gemüsebrühe

1 große Zwiebel, fein gehackt

8 mittelgroße Karotten, grob geraspelt

abgeriebene Schale einer viertel Zitrone

Saft einer halben Zitrone

2 TL frisch gemahlene Koriandersamen

Kräutersalz und Pfeffer aus der Mühle

4 EL saure Sahne

2 EL gehackte Petersilie

Erhitzen Sie das Wasser mit der Brühe, der Zwiebel und den Karotten in einem Topf mit Deckel. Köcheln Sie bei kleiner Flamme, bis die Karotten und Zwiebeln weich sind. Pürieren Sie dann das Gemüse. Würzen Sie mit den nächsten fünf Zutaten, und geben Sie Portionen auf. Garnieren Sie die Teller mit einem Klacks saure Sahne und Petersilie.

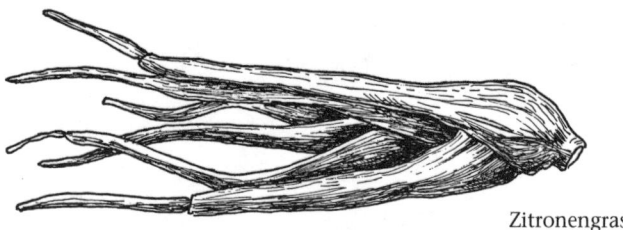

Zitronengras

228

10.10
Thai-Gemüsesuppe mit Zitronengras

Die Thailänder essen Suppen für ihr Leben gern. Viele Familien fangen schon frühmorgens mit einer leichten Suppe an. Meist handelt es sich um Brühen, in denen eine Einlage aus Fleisch, Fisch, Gemüse und/oder Nudeln schwimmt. Gewürzt werden diese Suppen mit Zitronengras (Abb. S. 228), frischem Ingwer und – wie im folgenden Beispiel – auch mit Kokoscreme. Diese Suppe ist sehr befriedigend und gibt dem Körper viel Wärme – ist also besonders für Menschen geeignet, die leicht frieren.

³/₄ l Wasser

1 EL gekörnte Gemüsebrühe (nach Geschmack auch mehr)

4 Stengel Zitronengras, schräg in Scheiben geschnitten

1 EL feinste Streifchen frische Zitronenblätter

1 EL in feinste Streifen geschnittene, frische Ingwerwurzel

1 EL fein gehacktes Basilikum

100 g eingedickte Kokosmilch (Kokoscreme)

wenig Pfeffer aus der Mühle

Kräutersalz

1 TL Limonen- oder Zitronensaft

200 g fein geschnittener Chinakohl

100 g Linsen- oder Mungsprossen

100 g grüne Erbsen (evtl. tiefgefroren)

1 Frühlingszwiebel, in feine Ringe geschnitten

Bringen Sie das Wasser mit den folgenden 5 Zutaten langsam zum Kochen, und lassen Sie bei zugedecktem Topf bei kleinster Hitze noch etwa 15 Minuten durchziehen. Dann nehmen Sie das Zitronengras heraus (nicht mitessen). Geben Sie die Kokoscreme hinzu, und würzen Sie mit Pfeffer, Salz und Zitronensaft. Geben Sie dann die restlichen Zutaten hinein, lassen kurz ziehen und schmecken ab. Servieren Sie sofort.

10.11
Chinesische Gemüsesuppe mit Sherry

$^3/_4$ l Wasser

1 EL gekörnte Gemüsebrühe

100 ccm Sojasauce

250 ccm Reiswein oder einen trockenen Weiswein (nach Wunsch)

3 Lorbeerblätter

150 g Lauch, schräg in Scheiben geschnitten

150 g Egerlinge oder Champignons, in Scheiben geschnitten

50 g Sesamöl

150 g Mungsprossen

4 EL trockener Sherry

Erhitzen Sie das Wasser mit den ersten vier Zutaten, und lassen Sie ca. 20 Minuten bei zugedecktem Topf bei kleinster Hitze durchziehen. Inzwischen braten Sie die Pilze und den Lauch in Sesamöl, bis sie weich sind. Geben Sie sie dann in die Suppe und schmekken ab. Beim Servieren verteilen Sie zuerst die Mungsprossen (und den Sherry) auf die Teller und füllen dann mit der Suppe auf. Garnieren Sie mit etwas *frischen Kräutern*.

10.12
Unsere Kartoffelsuppe

Dieser Evergreen soll hier nicht fehlen. Wir alle lieben Kartoffelsuppe, weil sie uns an unsere Kindheit erinnert. Ob wir mit unserem Rezept genau Ihren Geschmack treffen, müssen Sie erst ausprobieren. Falls nicht, dann werden Sie schon herausfinden, was Sie ändern müssen.

4 mittelgroße Kartoffeln, gründlich gewaschen und gewürfelt (ältere Kartoffeln schälen)

3 Stangen Lauch (ohne die groben, grünen oberen Abschnitte), in feine Ringe geschnitten

³/₄ l Wasser

2 EL Butterfett

1 EL Olivenöl

2 große Zwiebeln, in Würfel geschnitten

100 ccm Sahne

2 TL gekörnte Gemüsebrühe

Pfeffer aus der Mühle

Kräutersalz

2 EL feingehackter, frischer Kerbel oder Petersilie

Kochen Sie die Kartoffeln und den Lauch im Wasser weich.

Inzwischen braten Sie die Zwiebeln in der Pfanne in Butterfett und Olivenöl unter häufigem Wenden, bis sie braun sind.

Streichen Sie Kartoffeln und Lauch durch ein Passiersieb und geben Sie sie mit der Brühe in den Suppentopf zurück. Sie können auch einen gelochten Kartoffelstampfer verwenden, erzielen damit aber nicht dieselbe Konsistenz. Einen Pürierstab oder Mixer würden wir nicht verwenden, da die Kartoffeln sonst gummiartig werden. Geben Sie dann die gerösteten Zwiebeln, die Sahne, die gekörnte Gemüsebrühe und etwas Pfeffer hinzu. Schmecken Sie mit Salz ab. Garnieren Sie die Portionen mit den gehackten Kräutern.

10.13
Indische Tomatensuppe mit Kreuzkümmel

1 mittelgroße Zwiebel, fein gehackt

1 grüne Paprikaschote, in feine Streifen geschnitten

1 EL frisch gemahlener Kreuzkümmel (Cumin)

50 ccm Sesamöl oder Butterfett (Ghee)

6 enthäutete und gewürfelte Tomaten

³/₄ l Wasser

250 g in warmem Wasser gewaschene Feuerlinsen

1 EL gekörnte Gemüsebrühe

Kräutersalz und Pfeffer aus der Mühle

2 EL gehackter frischer Koriander (Cilantro) oder ersatzweise Liebstökkel oder Petersilie

Braten Sie Zwiebel und Paprika mit Kreuzkümmel im Öl oder Ghee einige Minuten an. Geben Sie die vier folgenden Zutaten hinzu, und köcheln Sie so lange, bis die Linsen weich sind und zerfallen. Schmecken Sie mit Pfeffer und Salz ab. Garnieren Sie die Portionen mit Cilantro oder Liebstöckel bzw. Petersilie.

11 Pürees und Cremes

In diesem Kapitel schlagen wir Ihnen Pürees vor, die Sie entweder allein oder zusammen mit anderen Speisen essen können, sowie Cremes, die Sie als Aufstrich, zum Beispiel auf Brot, verwenden können. Pürees sind sehr beliebt, erinnern sie doch an die erste Nahrung nach der Muttermilch, an den Brei, mit dem wir alle großgezogen wurden. Mit dem Brei verbindet sich Geborgensein und Mutterliebe. Nach solchen breiigen, cremigen Speisen sehnen wir uns dann, wenn es uns nicht gut geht, wenn wir uns einsam fühlen und wenn wir Trost brauchen. Probieren Sie also in solchen Situationen etwas aus diesem Kapitel.

11.1
Feine frische Fruchtcremes

Für eine gute Fruchtcreme pürieren Sie verschiedene Früchte möglichst im Champion-Entsafter, wobei Sie statt des Siebes die Verschlußkappe aufsetzen. Um eine cremige Konsistenz zu erreichen, ist es hilfreich, Bananen mit einzubeziehen und nicht zuviel sehr wäßriges Obst zu verwenden, z. B. Melonen, die Sie ohnehin zweckmäßigerweise für sich allein essen sollten. Gute Kombinationen sind:

– Pfirsich (Aprikose)/Mango (Papaya, Birne)/Banane

– Apfel/Ananas (Karotte)/Banane

– Papaya/Dattel, eingeweicht/Banane.

Wenn Ihnen der Fruchtgeschmack allein nicht reicht, können Sie die Cremes mit frisch *geriebenem Ingwer,* mit *gemahlenem Zimt* oder *Kardamom* oder mit *frischen Kräutern* würzen. Lassen Sie Ihrer Phantasie freien Lauf!

11.2
Münchner Bohnensprossen-Creme

300 g Mung- und Linsensprossen

1 mittelgroße Tomate

$^1/_2$ Paprikaschote

2 EL feingehackte rote Zwiebel

$^1/_4$ Knoblauchzehe, gepreßt

1 EL Bohnenkraut oder Liebstöckel, fein gehackt

Kräutersalz

Pfeffer aus der Mühle

Pürieren Sie die Zutaten, und würzen Sie mit Pfeffer und Salz. Regeln Sie die Konsistenz der Creme durch eine weitere *Tomate* oder *Wasser*.

Diese Creme paßt zu Gemüse, Salat oder Brot.

11.3
Humus aus Kichererbsensprossen

Humus ist im Vorderen Orient sehr beliebt und wird dort aus gekochten Kichererbsen bereitet.

Pürieren Sie die Zutaten, und würzen Sie mit Pfeffer und Salz. Humus schmeckt sehr gut zu Brot, zu Felafel (Rezept 9.3) und zu Salat.

250 g Kichererbsensprossen (oder gekochte Kichererbsen)

100 g Tahini (Sesammus)

50 ccm Sesamöl

50 ccm Zitronensaft

100–200 ccm Wasser (je nach gewünschter Konsistenz)

1 Zehe Knoblauch, gepreßt

1 EL fein gehackte Petersilie

Kräutersalz

Pfeffer aus der Mühle

11.4
Mediterrane Oliven-Paprika-Creme

Diese Creme wird Sie begeistern, wenn Sie das Deftige lieben.

---

1 Paprikaschote, gewürfelt

---

100 g entsteinte schwarze Oliven

---

50 ccm Olivenöl

---

1 EL Zitronensaft

---

1 EL fein gehacktes Basilikum

Pfeffer aus der Mühle

Pürieren Sie die Zutaten. Wenn Sie es besonders cremig wünschen, ersetzen Sie das Öl durch *200 g Mascarpone.*

Bettinas Avocadocreme; Vitaminada

2 weiche, reife Avocados

1 EL frisch gepreßter Zitronensaft

$^1/_2$ TL geriebene, frische Ingwerwurzel

$^1/_2$ TL Zimt

1 TL Honig oder 2 TL Ahornsirup Grade C

200 ccm Sahne

Pfefferminze

Pürieren Sie die Avocados und vermischen Sie sie mit den folgenden vier Zutaten. Schlagen Sie die Sahne steif, und heben Sie sie unter das Püree. Servieren Sie die Creme mit einem Blättchen Pfefferminze. Diese Creme ist ein guter Nachtisch.

Eine andere Art von Avocadocreme (Guacamole) finden Sie in Rezept 6.9.

Als rasch herzustellenden Brotaufstrich zerdrücken Sie mit der Gabel *reife Avocados* und würzen Sie mit etwas *Knoblauch, Zitronensaft, kleingehackten Kräutern Ihrer Wahl, Pfeffer* und *Salz*.

In Brasilien püriert man zum Frühstück pro Person eine *reife Avocado* mit dem Saft einer *großen Orange* zu einem schaumigen Brei und serviert ihn mit *Zimt* bestäubt unter dem Namen „Vitaminada".

11.6
Pikante Nußcreme

200 g Sonnenblumenkerne

100 g Mandeln (oder Cashewkerne)

50 g Sesam

1 große Fleischtomate

1 EL Petersilie

Pfeffer aus der Mühle

Kräutersalz

Weichen Sie Sonnenblumenkerne, Sesam und Mandeln über Nacht in Wasser ein, spülen gut durch und lassen die feuchte Mischung noch einige Stunden stehen. Von den Mandeln können Sie die Haut abziehen.

Pürieren Sie dann alle Zutaten und schmecken Sie mit Salz und Pfeffer ab. Sie können natürlich auch von gekauftem *Nußmus* ausgehen, was die Zubereitung wesentlich beschleunigt.

Die ersten drei Zutaten allein ergeben mit etwas Wasser schon eine gute Creme, die Sie auch anders würzen können.

Provençalische Bohnencreme

Haben Sie früher gerne Leberwurst gegessen, oder mögen Sie diese immer noch?

Dann ist dies hier Ihr Rezept! Wieder einmal werden Sie schmekken, daß es in erster Linie auf Würzung und Konsistenz ankommt – tierische Produkte müssen nicht dabeisein. Diese Bohnenpaste ist ein hervorragender Brotaufstrich, sie hält sich im Kühlschrank ein paar Tage (im verschlossenen Glas sogar länger). Überraschen Sie Ihre Gäste doch einmal mit Canapés aus Vollkornbaguette mit Bohnenpaste und einer Scheibe saurer Gurke.

100 g Wachtelbohnen oder rote Nierenbohnen

1 Zwiebel, fein gehackt

1 Stange Lauch, sehr fein in Ringe geschnitten

50 ccm Sonnenblumenöl

$^1/_2$ Zehe Knoblauch, gepreßt

25 g schwarze indische Senfkörner (nach Wahl)

$^1/_2$ TL Majoran

$^1/_4$ TL Kräuter der Provence

$^1/_4$ TL Bohnenkraut

Kräutersalz

Pfeffer

ca. 50 ccm Wasser

Weichen Sie die Bohnen über Nacht ein, gießen Sie das Einweichwasser weg. Kochen Sie die Bohnen in reichlich Wasser weich. Lassen Sie sie abkühlen.

Inzwischen braten Sie die Zwiebeln und den Lauch in der Pfanne in Öl, bis beide weich und die Zwiebeln braun sind. Dann geben Sie den Knoblauch und die Senfkörner dazu und braten eine Minute weiter.

Zum Schluß pürieren Sie alles. Stellen Sie einen festen Brei her (regeln Sie die Wassermenge entsprechend).

11.8
Internationale Gemüsepüree-Variationen

Geben Sie *gekochte Karotten* durch einen Fleischwolf oder pürieren Sie sie (bei kleinen Mengen ist dies auch mit der Gabel möglich). Sie können dann mit ihnen so, wie sie sind, Ihr Baby füttern oder sie zusammen mit anderen Gemüsen essen. Stellen Sie sich zum Beispiel *gedünstete Zucchinischeiben* oder *gedämpfte Brokkoliröschen* vor, die Sie auf einem Teller mit Karottencreme und *Kräutern* anrichten – ein Augen- und Gaumenschmaus!

Wenn Sie Liebhaber eines kräftigeren Geschmacks sind, können Sie das Karottenpüree natürlich auch mit *gekörnter Gemüsebrühe, Pfeffer, Salz, gehackten Kräutern, Curry* oder anders würzen. Auch *Pastinaken, Petersilienwurzeln, Sel-* *lerieknollen und Auberginen* eignen sich (gegart) zum Pürieren. Auf die schöne Farbe der Karotten müssen Sie dabei aber verzichten. Die Pürees können Sie mit *Olivenöl, Sahne* oder *Mascarpone* verfeinern.

Auberginenpüree mit *Olivenöl, gehackter Chilischote, Knoblauch, Zitronensaft, Kräutersalz* und *Pfeffer* ist im Vorderen Orient unter dem Namen Baba Ghanoush bekannt.

Beliebt ist dort auch ein *Auberginenpüree* mit *Olivenöl, Knoblauch, viel Dill, Pfeffer, Kräutersalz, Schafskäsewürfeln* und *gehackten Walnüssen* – eine Delikatesse, die auf keinem orientalischen Buffet fehlen sollte (vgl. Rezept 9.3).

Pürees und Cremes

11.9
Sahniges Kartoffelpüree

Ein Rezept für Kartoffelbrei bringen wir hier nicht nur, weil wir ihn so gerne essen, sondern auch deshalb, weil wir in unserer Umgebung und bei unseren Ernährungsberatungen immer wieder beobachten, daß Kartoffelbrei für viele Zeitgenossen geradezu therapeutische Aufgaben erfüllen kann. Wir kennen Menschen, die trotz ihrer generellen Umstellung auf eine stark rohkostbetonte Ernährung plötzlich wochenlang nur Kartoffelbrei aßen und dabei im Gefühlsbereich viel profitierten. Das Bedürfnis nach Kartoffelbrei verschwand nach einiger Zeit ebenso überraschend, wie es gekommen war. Wie sinnlos wäre es, dagegen anzukämpfen!

Für einen traditionellen Kartoffelbrei verwendet man Milch. Wir tun dies nicht, weil das die Verdauung der Kartoffeln nicht eben fördert. Unsere Version schmeckt ebenso gut.

500 g gekochte Pellkartoffeln, gepellt

150 ccm Sahne

1 TL gekörnte Gemüsebrühe

Kräutersalz

Pfeffer aus der Mühle

Wasser nach Bedarf

Zerdrücken Sie die Kartoffeln in einer Presse oder mit einem Kartoffelstampfer, und verrühren Sie die Masse mit den übrigen Zutaten. Regeln Sie die gewünschte Konsistenz mit einer entsprechenden Menge Wasser, und würzen Sie mit Salz und Pfeffer. Sie können die Sahne auch durch *Butter* und Wasser ersetzen.

Wenn Sie ganz auf Milchprodukte verzichten wollen oder müssen, können Sie Ihren geliebten Kartoffelbrei auch mit *Pflanzenöl* und Wasser zubereiten. Probieren Sie aus, welches Öl Ihnen geschmacklich am besten zusagt.

In Griechenland bereitet man eine spezielle kalte Variante des Kartoffelpürees. Man mischt die durchgedrückten Kartoffeln im Verhältnis 2 zu 1 mit *gemahlenen*

Walnüssen, gibt *Olivenöl* und *Wasser* dazu und schmeckt mit *Knoblauch, Zitronensaft, fein gehackter* *Petersilie, Pfeffer* und *Salz* ab. Das Ganze nennt sich Skordalia und ist sehr beliebt als Vorspeise.

11.10
Kräuterbutter

Besonders wenn Gäste kommen, bietet es sich an, die beliebte Butter einmal etwas zu würzen. Dazu eignen sich verschiedene Kräuter (z. B. *Basilikum, Salbei, Liebstöckel*) und *Knoblauch* sehr gut. Auf 125 g Butter empfehlen wir 3 EL gehackte Kräuter oder eine durchgepreßte Knoblauchzehe und jeweils eine Prise *Salz.* Sie pürieren zuerst Kräuter und/oder Knoblauch und Salz in einem Mörser, geben dann die weiche Butter dazu und arbeiten die Masse kräftig durch. Solche Butter schmeckt besonders gut auf warmem (Vollkorn-)Baguette. Eine besondere Delikatesse ist es, wenn Sie das Baguette der Länge nach durchschneiden, mit der Buttermischung bestreichen, wieder zusammenfügen und dann im Ofen aufbacken.

12 Getränke

Ohne jeden Zweifel ist reines, möglichst mineralarmes Wasser das beste Getränk (vgl. *Weise* u. a., „Trinkwasser, Quelle des Lebens"). Es löscht zuverlässig den Durst und trägt wesentlich zur inneren Reinigung des Körpers bei. Wenn Sie sich jedoch mit Vitalstoffen und Mineralien (inkl. Spurenelemente) versorgen wollen, ist Wasser nicht das Getränk der Wahl. Denn die Mineralien im Trinkwasser tragen nur äußerst untergeordnet zur Mineralversorgung bei. Greifen Sie besser zu Obst und Gemüse bzw. zu daraus bereiteten Säften. Wie in Kapitel 2.7 ausgeführt, sollten Sie Ihre Obst- und Gemüsesäfte nicht in einem der üblichen elektrischen Entsafter mit Zentrifuge zubereiten, weil Sie dadurch die Heilkraft der Säfte verschenken. Ananas, Papayas und Mangos enthalten besonders viele wertvolle Enzyme, welche die Verdauung anregen. Sie sollten die Säfte sehr langsam trinken, sie einspeicheln und nicht mehr als zwei Gläser täglich trinken – mit Ausnahme von Melonensaft. Sie können den Saft auch mit Wasser verdünnen – trinken Sie ihn trotzdem langsam. Nur der Vollständigkeit halber sei noch daran erinnert, daß frisch gepreßte Säfte durch nichts zu ersetzen sind. Vergessen Sie also all die Getränke aus Flaschen etc. – selbst wenn es teure Säfte aus dem Reformhaus oder dem Naturkosthandel sind. Sie sind alle erhitzt und die Enzyme weitestgehend zerstört.

12.1
Frisch gepreßte Obst- und Gemüsesäfte

Neben Monosäften aus nur einem Obst oder Gemüse haben sich folgende Mischungen bewährt (vgl. auch *Walker*):

– Apfel/Grünblatt (Salate, Kräuter)

– Apfel/Karotte

– Apfel/rote Bete

– Apfel/rote Bete/Gurke

– Apfel/Gurke/Stangensellerie/ Minze

– Apfel/Pfirsich/Stangensellerie

– Apfel/Ananas

– Apfel/Karotte/rote Bete/Stangensellerie

– Karotte/Sellerie (Stangen- und/ oder Knollensellerie)

– Karotte/Pfirsich

– Grapefruit/Pfirsich/Birne/ Apfel

– Tomate/Stangensellerie/ Petersilie/Zitrone/ 1 Messerspitze Pfeffer

– Karotte/Tomate/Spinat

– Ananas/Orange.

12.2
Nußmilch

Nußmilch – allen voran Mandelmilch – ist der tierischen Milch haushoch überlegen. Lernen Sie deshalb, wie leicht man sie zubereitet:

Weichen Sie *Mandeln* (oder *Nüsse*) über Nacht in lauwarmem Wasser ein. Schütten Sie am Morgen das Einweichwasser weg, und ziehen Sie die Haut von den Mandeln ab. Geben Sie die Mandeln in einen Blender (Küchenmaschine mit Hackmesser), und fügen Sie die doppelte bis dreifache Menge *frisches, mineralarmes Wasser* dazu. Pürieren Sie die Mandeln, und sieben Sie die noch nicht völlig zerkleinerten Teilchen durch ein feines Sieb ab. Wiederholen Sie damit und etwas frischem Wasser gegebenenfalls den Pürierprozeß und sieben wieder ab. Mit dieser Mandelmilch können Sie als besten Muttermilchersatz Ihr Baby füttern. Sie können die Mandeln auch nach dem Einweichen zuerst in der klassischen kleinen Mandelmühle mahlen, bevor Sie sie in den Mixer geben.

Sie können Mandel- oder Nußmilch natürlich auch aus gekauftem *Mandel-* oder *Nußmus* und *Wasser* herstellen. Die Milch, die Sie dabei erhalten, ist jedoch weniger wertvoll, da die Mandeln und Nüsse der gekauften Muse in aller Regel vor dem Mahlen geröstet werden. Erkundigen Sie sich jeweils, ob das tatsächlich der Fall ist. Sie sollten das Babyfläschchen natürlich nur wenig erwärmen, wenn Sie Enzyme und Eiweiß nicht denaturieren wollen.

12.3
Nußmilch-Mixgetränke

Mit der im letzten Rezept beschriebenen Mandel- und Nußmilch können Sie leckere Mixgetränke herstellen. Z. B. mixen Sie Mandelmilch mit *eingeweichten, entsteinten Datteln.* Dies kann sehr schnell gehen, wenn Sie darauf verzichten, die Milch durchzusieben. Pürieren Sie einfach Mandeln mit Wasser und geben dann die eingeweichten Datteln zusammen mit dem Einweichwasser dazu. Diese Mischung schmeckt schon für sich allein sehr gut. Sie können sie aber geschmacklich variieren, indem Sie mit *Zimt, Kardamom* oder *Naturvanille* würzen oder *Carobpulver* dazugeben. Auch mit anderen Früchten können Sie experimentieren. Wenn das Getränk dicker werden soll, geben Sie einfach eine *Banane* hinein. Wenn Sie von diesen Getränken nicht mehr als ein Glas auf einmal langsam auf leeren Magen trinken und bis zur nächsten Mahlzeit einige Stunden warten, dann werden Sie damit wahrscheinlich keine Verdauungsprobleme bekommen – auch wenn sie strenggenommen nicht ganz nach den Regeln der Tabelle kombiniert sind.

13 Süßspeisen

Der Mensch und viele Tiere lieben Süßes. Es scheint ein angeborener Drang zu sein, der allerdings durch entsprechendes Verhalten und die Umwelt noch verstärkt wird. Süßes hat zweifellos mit Liebe zu tun, und Liebesentzug wird häufig durch besonders viel Süßes zu kompensieren versucht. So geraten strenge Vegetarier und Rohköstler häufig in Teufels Küche, wenn sie mit den tierischen Produkten und/oder dem Gekochten auch den Zucker und alles andere Süße von ihrem Speisezettel verbannen. Sie bräuchten Süßes dann nämlich besonders, weil sie sich durch ihre neuen Essensgewohnheiten von ihrer Umgebung isolieren und dementsprechend weniger Zuneigung erhalten. Weil wir diese Probleme immer wieder in unserer Umgebung erleben und weil wir auch selbst gerne Süßes essen, haben wir dieses Kapitel aufgenommen, wohl wissend, daß einige Dogmatiker protestieren werden, zumal nicht immer alles optimal kombiniert ist. Wenn Sie jedoch einigermaßen gesund sind und wenn Sie sich nicht überessen, können Sie auch mit weniger günstigen Kombinationen fertig werden, ohne sich zu schaden. Denken Sie immer daran, daß nicht das, was wir gelegentlich essen, über unseren Gesundheitszustand entscheidet, sondern das, was wir täglich essen! Und noch eins: Probleme mit Zucker treten vor allem dann auf, wenn Sie das Süße zusätzlich auf einen bereits vollen Magen essen, vor allem nach Rohkost! Dann ist die Gefahr der Gärung besonders groß. *Sokrates* hatte recht, wenn er schrieb: „Der (süße) Nachtisch gereicht niemandem zum Schaden, der ihn als ordentliche Mahlzeit genießt."

13.1
Blissballs und Natur-Konfekt

Aus Trockenfrüchten allein wie auch aus Mischungen aus Trokkenfrüchten mit Samen und Nüssen können Sie herrliche (sehr nahrhafte) Bällchen herstellen, die in der Naturkostszene unter dem Namen Blissballs (Glückseligkeits-Bällchen) bekannt sind. Sie eignen sich trefflich als Snack zwischendurch, während einer Reise, beim Wandern, Bergsteigen, Sport. Wenn Sie sich solche Blissballs bereiten, gibt es einige Grundregeln:

– Zur Verbesserung der Verdaulichkeit sollten Samen und Nüsse immer über Nacht eingeweicht werden.

– Das Trockenobst können Sie einweichen, Sie tun dies jedoch nur so lange und nur dann, wenn die aus zerkleinerten Nüssen und Früchten geknetete Masse nicht zu breiig wird; mit anderen Worten: über das Ausmaß des Obsteinweichens können Sie die Konsistenz steuern.

– Kleine Mengen verarbeiten Sie, indem Sie zuerst die Nüsse und dann die Trockenfrüchte im Mörser verreiben und mischen. Anschließend formen Sie die Bällchen und wälzen Sie nach Wunsch in Kokosflocken, Sesam (nicht eingeweicht) u. ä.

– Größere Mengen können Sie sehr vorteilhaft im Champion-Entsafter mit Verschlußkappe auf dem Saftauslaß verarbeiten oder im Blender (Küchenmaschine mit Hackmesser) – wenn die Masse breiig genug ist. In diesem Fall steuern Sie die richtige Konsistenz durch die Menge der letzten trockenen (feinen) Zutat (z. B. Kokosflocken, Carobpulver, gepoppter Amaranth, fein zerhackte, nicht eingeweichte Früchte), die Sie nach Zerkleinern und Vermischen mit der Hand hineinkneten.

– Sie können die Trockenfrüchte auch mit dem Messer fein hacken und dann mit den anderen Zutaten verkneten.

– Sie können mit wenig Honig süßen und mit verschiedenen Gewürzen experimentieren.

– Bereiten Sie nicht zu viele Blissballs auf einmal zu. Sie können sie am besten im Kühlschrank (gut eingepackt) aufheben. Der Geschmack läßt aber beim Lagern nach.

Wir geben Ihnen im folgenden einige Kombinationen, die sich bewährt haben. Die Zahlen geben die Mengenverhältnisse (Gewicht) an:

– **Fruchtbällchen:**
1 Rosinen – 1 Feigen – 1 Datteln – 1 Aprikosen, gewälzt in Kokosflocken oder Sesam

– **Indische Blissballs:**
1 Datteln – 1 Aprikosen – 1 Mandeln – 1 Cashewkerne (ersatzweise Haselnüsse), gewürzt mit Zimt und Kardamom oder mit Safran, gewälzt in Kokosflocken oder Sesam; Sie können dieses Rezept noch erweitern durch: *1 Feigen – 1 Rosinen – 1 Walnüsse – 1 Kokosflocken* etc. Auch ungewürzt schmecken diese Bällchen gut.

– **Sonnenbällchen:**
1 Sonnenblumenkerne – 2 Datteln – 1 Walnüsse – 1 Rosinen, ungewürzt oder gewürzt mit Zimt, gewälzt in Kakao oder Carobpulver

– **Amaranth-Dattel-Konfekt:**
1 Cashew – 1 Dattel – 1 gepoppter Amaranth, gewürzt mit Kardamom, gewälzt in gepopptem Amaranth

– **Halvah:**
1 Sesammus – 1 Mandeln – $^1/_4$ Honig – $^1/_4$ Carobpulver, gewürzt mit Naturvanille. In einer flachen Form oder auf einem Blech oder Tablett 2 cm dick ausrollen, kühlen und in Stükke schneiden.

– **Carobbällchen:**
2 Mandeln – 3 Carobpulver – 1 Kokosflocken – $^1/_2$ Datteln oder Honig – $^1/_2$ Wasser, je nach Bedarf, in *Kokosflocken* oder *Sesam* gewälzt.

13.2
Avocadotraum

4 Äpfel, das Kerngehäuse entfernt und gewürfelt

2 Avocados, geschält, entsteint und gewürfelt

7 eingeweichte, entsteinte Datteln

ca. 200 ccm Wasser

Pürieren Sie die Zutaten. Die Wassermenge richtet sich nach der gewünschten Konsistenz – also erst nach und nach zugeben! Servieren Sie den Avocadotraum mit Cashew- oder Haselnußcreme (Rezepte 13.5 und 13.6).

Süßspeisen

13.3
Cashew-Vanille-Creme

3 Bananen, in Scheiben geschnitten

200 g Cashewkerne, über Nacht eingeweicht

$^1/_4$ TL Naturvanille

ca. 200 ccm Wasser

Pürieren Sie die Zutaten. Die Wassermenge richtet sich nach der gewünschten Konsistenz – also erst nach und nach zugeben!

13.4
Bananen-Softeis mit Carobsauce

Schälen Sie möglichst reife *Bananen* – je reifer, um so besser (aromatischer) – und frieren Sie sie ein. Die gefrorenen Bananen lassen Sie dann durch den Champion-Entsafter (mit geschlossenem Saftauslaß). Es entsteht ein köstliches Softeis, das Sie sofort essen. Wenn Sie keinen Champion haben, schneiden Sie die Banane vor dem Einfrieren in kleine Stücke und pürieren diese dann.

Für die Carobsauce mixen Sie *125 g Tahini (Sesammus)* mit der gleichen Menge *Wasser* und *je 1 TL Honig* und *Carobpulver.*

13.5
Cashew-Bananen-Creme

250 g über Nacht eingeweichte Cashewkerne

$^1/_2$ Banane (10 Scheiben)

ca. 200 ccm Wasser

Gießen Sie das Nuß-Einweichwasser weg. Pürieren Sie die Zutaten in einem Blender; nehmen Sie soviel Wasser, wie Sie mögen.

13.6
Haselnuß-Dattel-Creme

250 g über Nacht eingeweichte Haselnüsse

7 mehrere Stunden eingeweichte Datteln, entsteint

ca. 150 ccm Wasser

Gießen Sie das Nuß-Einweichwasser weg. Pürieren Sie die Zutaten mit dem Dattel-Einweichwasser. Nehmen Sie nur soviel zusätzliches Wasser, daß eine cremige Konsistenz entsteht.

13.7
Kalifornische Trockenfruchtsauce

200 g Rosinen

10 Datteln, entsteint

10 Feigen (Stiele abgeschnitten)

1 TL Tahini

Wasser

Weichen Sie die Trockenfrüchte 3–4 Stunden ein, und pürieren Sie diese Mischung. Geben Sie zum Schluß das Tahini hinzu und soviel Wasser, daß Sie die gewünschte Konsistenz erhalten. Diese Sauce paßt gut zu Bananeneis oder zu Obstsalat.

13.8
Hirsecreme mit Honig und frischem Ingwer

250 g Hirse

50 ccm süße Sahne

1 EL Honig

1 TL geriebener, frischer Ingwer

Zimt

Brühen Sie die Hirse mit kochendem Wasser, damit sie ihren bitteren Geschmack verliert. Dann garen Sie die Hirse in reichlich Wasser, bis sie völlig weich und breiig geworden ist. Nehmen Sie den Topf vom Herd und lassen sie abkühlen. Dann rühren Sie die restlichen Zutaten hinein und richten die Portionen an. Dekorieren Sie mit *Rumfrüchten* oder *in Wasser eingeweichten Rosinen*.

Devanando O. Weise / Jenny Frederiksen

13.9
Kheerni

Dieser indische Reisbrei aus der kaiserlichen Mogulküche schmeckt wie aus Tausendundeiner Nacht!

---

250 g Basmatireis

---

1 l Wasser

---

150 g Kokoscreme

---

2 EL Honig

---

2 EL Rosenwasser

$1/2$ TL Safran, feinst zerstoßen und in wenig Wasser gelöst

$1/2$ TL Kardomom

---

250 g gehackte Datteln

Kochen Sie den Reis in Wasser, bis er ganz weich und breiig ist. Achten Sie dabei darauf, daß immer genügend Flüssigkeit im Topf ist und daß der Reisbrei nicht anbrennt. Lösen Sie darin die Kokoscreme auf und lassen sie abkühlen. Dann rühren Sie die nächsten vier Zutaten hinein, schmecken ab und verteilen das Kheerni auf Portionsschälchen. Dekorieren Sie mit den Dattelstückchen.

Der Drang nach Süßem

Zum Abschluß dieses Kapitels noch ein Wort zum Drang nach Süßem am Ende einer Mahlzeit. Wir alle kennen ihn. Er tritt vor allem dann auf, wenn die Mahlzeit stark gewürzt, scharf oder knoblauchreich war. Man hat genug gegessen, fühlt sich gesättigt, aber irgendwie unbefriedigt. Eine Befriedigung tritt jedoch rasch ein, wenn etwas Süßes dazukommt. Nun wissen wir aber, daß am Ende einer Mahlzeit gegessenes Süßes leicht zur Gärung im Magen führen kann, weil der Zucker den Magen nicht rechtzeitig verlassen kann. Wir stecken also in der Zwickmühle: Einerseits verlangt es uns nach einer süßen Nachspeise, andererseits sollten wir aus Vernunftgründen darauf verzichten. Des Rätsels Lösung liegt in Ihrer eigenen Hand:

Sie können die Gewürze reduzieren und vor allem den Knoblauch weglassen – dann wird der Wunsch nach Süßem nachlassen. Und Sie können sich den Wunsch erfüllen: aber nicht in Form von Riesenbergen von Pudding, Obstsalat mit Schlagsahne oder Kuchen und Schokolade. Erfahrungsgemäß genügt eine kleine Menge – und wenn es dabei bleibt, treten erfahrungsgemäß auch keine Probleme auf. Häufig genügen schon ein bis zwei Datteln.

14 Partytime: Häppchen und Snacks

In diesem abschließenden Kapitel geben wir Ihnen noch ein paar Rezepte, die sich besonders gut für ein kaltes Buffet eignen. Zunächst einige Rezepte, die sehr gut zu den Salaten aus Kapitel 5 passen.

14.1
Obstspießchen

Schneiden Sie *verschiedene Obstsorten* in Würfel mit max. 2 cm Kantenlänge und spießen jeweils ca. vier verschiedene Sorten auf Partysticks. Ordnen Sie diese Spießchen auf einem Tablett an, das Sie zur Begrüßung herumreichen können.

14.2
Gemüsespießchen

Schneiden Sie *verschiedene Gemüsesorten* in Scheiben oder Würfel und spießen jeweils vier bis fünf verschiedene Sorten auf Partysticks. Ordnen Sie diese Spießchen auf einem Tablett an, und dekorieren Sie das Ganze ansprechend.

14.3
Cremig gefüllte Tomaten

Schneiden Sie *kleinen Tomaten* einen flachen Deckel ab und höhlen Sie sie aus. Den Deckel und das Tomateninnere verwenden Sie zur Zubereitung von Avocadomus nach Rezept Nr. 6.9, das Sie dann in die Tomaten einfüllen.

14.4
Gefüllte Avocados

Halbieren und entsteinen Sie *reife Avocados* und füllen Sie sie mit dem Ratatouille-Salat nach Rezept 5.14, wobei Sie darauf achten, daß die Gemüsefrüchte schön fein gewürfelt werden.

14.5
Gefüllte Pilze mit Kapern

Nehmen Sie *mittelgroße Champignons* bzw. *Egerlinge,* und schneiden Sie die Stiele ab. Hacken Sie die Stiele klein und mischen Sie sie mit der gleichen Menge der Oliven-Paprika-Creme des Rezeptes 11.4 (ohne Mascarpone). Dekorieren Sie die gefüllten Pilze jeweils mit einer *Kaper* und einem *Minzeblättchen*.

14.6
Blütentraum

Richten Sie Ihre Partysalate auf Partyplatten (aus Edelstahl) an und dekorieren Sie diese reichlich mit folgenden eßbaren Blüten: Ringelblumen, Kapuzinerkresseblüten, Löwenzahnblüten und Gänseblümchen. Auch die Blätter dieser Pflanzen können in die Salate oder beim Dekorieren miteinbezogen werden. Ihre Gäste werden besonders überrascht sein.

14.7
Pinzimonio

Schneiden Sie *Karotten, Rettich, Paprika, Stangensellerie* u. ä. in längliche Stäbchen, und richten Sie diese stehend in niedrigen Bechern oder liegend in Kreismustern auf Platten an. Reichen Sie dazu als Dips das italienische Dressing Rezept 5.2, Gourmet's Dressing Rezept 5.4 und ein Samen- oder Nußmuß-Dressing nach Rezept 5.5. Die Gäste essen mit den Fingern. Sie nehmen sich in ein kleines Schälchen von der Sauce und stippen die Gemüsestäbchen ein.

14.8
Rettich Carpaccio

Schneiden Sie *einen großen Rettich* in dünne Scheiben, und ordnen Sie diese ringförmig auf Portionstellern an. Lockern Sie das Bild durch *Radieschenscheiben* auf. Träufeln Sie etwas *frisch gepreßten Zitronensaft* darüber, und hobeln Sie *Parmesan, Pecorino* oder einen ähnlichen Käse darüber. Dekorieren Sie mit *frischem Basilikum*.

14.9
Ruccola mit Austernpilzen

Für drei Personen braten Sie in einer Pfanne *250 g mittelgroß geschnittene Austernpilze in Olivenöl* kräftig an, bis diese durch und ein wenig knusprig sind. Würzen Sie mit einigen Spritzern *frisch gepreßtem Zitronensaft, Kräutersalz* und *Pfeffer aus der Mühle.*

Auf Portionstellern bereiten Sie ein Beet aus quer geschnittenem *Ruccola* (oder *Löwenzahn, Spinat* oder *Eichblattsalat*) und breiten darauf die gebratenen Austernpilze aus. Dekorieren Sie mit *Tomatenwürfeln.* Sprenkeln Sie ein wenig italienisches Dressing Rezept 5.2 darüber.

14.10
Salsa Mexicana

300 g Tomaten, gewürfelt

1 Zwiebel, feinst gewürfelt

1 Knoblauchzehe, gepreßt

2 frische Chili oder Peperoncini mit oder ohne Kerne (je nach gewünschter Schärfe), feinst gehackt

$^1/_2$ Bund frischer Koriander (Cilantro), fein gehackt, ersatzweise Petersilie, Liebstöckel und andere Kräuter Ihrer Wahl (aber eigentlich ist Cilantro in diesem Rezept durch nichts zu ersetzen!)

Saft einer halben Zitrone oder besser einer ganzen Limone

Kräutersalz

Pfeffer aus der Mühle

Vermischen Sie alle Zutaten, und pürieren Sie $^3/_4$ davon. Geben Sie dann das restliche Viertel hinzu. Die Salsa sollte scharf und dick sein, so daß Sie sie mit Tortillachips gut essen können.

Die Salsa begleiten Frijoles refritos (mexikanische Bohnenpaste) Rezept 8.3, Guacamole (Avocadomus) Rezept 6.9, klein geschnittener Eissalat und Zuckermais.

15 Rezepte-Verzeichnis

5 Salate und Dressings

6 Gemüsegerichte und Saucen

7 Getreidespeisen

Devanando O. Weise / Jenny Frederiksen

8 Hülsenfrüchte

9 Bratlinge und Bällchen

10 Suppen

11 Pürees und Cremes

12 Getränke

13 Süßspeisen

Devanando O. Weise / Jenny Frederiksen

14 Partytime: Häppchen und Snacks

16 Einkaufsliste

Selten verwendete Artikel sind nicht genannt.

Öle: Sonnenblumenöl, Olivenöl, Sesamöl und/oder ein anderes kaltgepreßtes Öl. Wenn Sie nur wenig Öl verbrauchen, sollten Sie nur Halbe-Liter-Flaschen kaufen. Das Öl braucht nur dann im Kühlschrank aufbewahrt zu werden, wenn es geöffnet ist und nicht innerhalb von 6–8 Wochen aufgebraucht wird.

Sesamöl aus geröstetem Sesam (als Würzöl für chinesische Wokgerichte und die Dressings 5.6 und 5.9)

Säuerungsmittel: italienischer Balsamico-Essig, Ume-Su (milchsauer vergorener Saft von Umeboschi-Pflaumen und Shishoblättern), unbehandelte Zitronen, eventuell Limonen

Süßungsmittel: Honig, Ahornsirup Grade C, Datteln (werden eingeweicht und gemust als Süßungsmittel verwendet)

Gewürze, gemahlen: Kräutersalz, Gelbwurz (Kurkuma, Turmerik, Haldi), Zimt, Ingwer, Galgant, indisches mildes Currypulver, Rosenpaprika

Gekörnte Gemüsebrühe (möglichst ohne „Würzmittel" und – falls Sie unter Candida-Befall leiden – ohne Hefe)

Gewürze, ganz: Kardamom, Fenchel, Nelken, schwarzer Pfeffer (für die Mühle), Kümmel, Kreuzkümmel (Cumin), Chilischoten (Peperoncini), Koriander, Lorbeerblätter, frische Ingwerwurzel (bei Bedarf auch Galgant und Gelbwurz), frischer Knoblauch, Zitronengras und Zitronenblätter (für Thaigerichte)

Kräuter, getrocknet: Oregano, Basilikum, Kräuter der Provence, Dill, Estragon

Diverses: schwarze Kalamata-Oliven in Öl, grüne mit Paprika gefüllte Oliven, Dijonsenf, Kapern (am besten sind die italienischen in Öl), Sojasauce: Shoyu (aus Weizen und Soja) oder Tamari (nur aus Soja, aromatischer), eine Sorte Miso nach Ihrer Wahl, ein oder zwei Sorten Algen nach Ihrer Wahl, z. B. Kombu, Hiziki oder Meeressalat, eingedickte Kokosmilch (Kokoscreme). Grüne Erbsen, tiefgefroren

Trockenfrüchte: Datteln, Feigen, Aprikosen, Rosinen etc.

Nüsse und Samen: Mandeln, Haselnüsse, Walnüsse, Pistazien, Pinienkerne, Cashewkerne, Sonnenblumenkerne, Kürbiskerne, Sesam, Gomasio (gerösteter, gemahlener, gesalzener Sesam), Carobpulver, Kokosflocken, Tahini (Sesammus)

Getreide und ähnliches: Vollkornreis, Basmatireis (gibt es auch als Vollreis), Hirse, Dinkel, Haferflocken, Quinoa, Buchweizen, Bulgur, Vollkornnudeln

Hülsenfrüchte: Feuerlinsen (die sind rot), grünbraune Berg- oder Tellerlinsen, Mungbohnen, Wachtel- oder Nierenbohnen, Kichererbsen

Milchprodukte: ein kleines Stück Hartkäse (z. B. Bergkäse, Parmesan, Pecorino etc.) zum Reiben als Würze, Butter, Butterfett (Butterschmalz, Ghee), (süße) Sahne, saure Sahne

Obst: Halten Sie stets eine gewisse Menge an Früchten bereit, damit Sie an diesem wertvollen Lebensmittel keinen Mangel leiden.

Salate und Gemüse: Kartoffeln, gelbe und rote Zwiebeln, Karotten, Paprikaschoten, Gurken und Tomaten, eine Sorte grüner Salat oder Chinakohl, Avocados. Die übrigen Sorten kaufen Sie nach Angebot, Wunsch und Bedarf. Frische Küchenkräuter und Sprossen sollten immer vorrätig sein.

17 Bezugsquellennachweis

Langzeitgartöpfe für Garen bei niedrigen, schonenden Temperaturen: Rai Stuplich, Görgenstraße 7–9, 56068 Koblenz

Wasserbelebung nach Johann Grander: Umwelt-Vertriebs-Organisation, Pfarrhügel 293, A-6100 Seefeld

Quellwasser-Generator nach Viktor Schauberger: Markt-Kommunikation GmbH & Co. KG, Postfach 26, 83623 Dietramszell

Levitiertes Wasser nach Wilfried Hacheney: Gesellschaft für Organphysikalische Forschung, Am Königsberg 15, 32760 Detmold

Wasserdestillierer, Umkehr-Osmosegeräte, Champion-Entsafter und Trampoline: Frederiksen & Weise TABULA SMARAGDINA Verlag, Perlschneiderstraße 39, 81241 München

Champion-Entsafter, Trampoline, Wasser-Destillierer, Bücher zum Thema Ernährung sowie andere Produkte für Ihre Gesundheit: Firma bionika, Postfach 1261, 27721 Ritterhude

Versand von Obst, Gemüse, Nüssen, Samen und Getreiden aus biologischem Landbau, ohne Konservierungsmittel, ohne Erhitzung oder Schockfrostung:
- Firma bionika, Postfach 1261, 27721 Ritterhude
- Firma Keimling, Bahnhofstraße 51N, 21614 Buxtehude
- „Die Quelle", Thierschstraße 20, 80538 München
- „Naturalien", Wolfgang Schweikl, Grabenstraße 6, 65594 Hofen

- Orkos Diffusion, 15 Vieux Chemin de Paris,
  F-77160 Provins

Ayurvedische und indische Gewürze und Lebensmittel:
Indu-Versandlädchen, Turmstraße 7, 35085 Ebsdorfergrund.
Dort erhalten Sie auch die von Frau Gabriela Wagener-Ewald
entwickelten Gewürz- und Kräutermischungen zur Harmoni-
sierung der verschiedenen ayurvedischen Konstitutionstypen (vgl. Kap. 3.1, 3.2 und 3.3), die wir Ihnen sehr empfehlen.

Im Sinne dieses Buches speisen: Gourmet's Garden, Belgrad-
straße 9, 80796 München

18   Literaturverzeichnis

AICHER, G. (1988): Keime, Sprossen, Grünkraut – Bausteine zur Vollwerternährung. St. Georgen.

AIVANHOV, OMRAAM MIKHAEL (1988): Yoga der Ernährung. Frejus.

BAUMGARDT, H. (Hrsg.) (1987): Ohne Fleisch gesund leben. Ritterhude.

BILLEN-GIRMSCHEID, G. & SCHMITZ, O. (1986): Das Öko-Lexikon unserer Ernährung. Frankfurt a. M.

BRÄCKLE, I. & TEUBNER, C. (o. J.): Feinschmeckers Gewürz- und Kräuterbuch. München.

BRILLAT-SAVARIN (1976): Physiologie des Geschmacks. München.

BURGER, G. C. (1988): Die Rohkosttherapie (Instinktotherapie). München.

CARPER, J. (1989): Nahrung ist die beste Medizin. Düsseldorf.

DETHLEFSEN, T. & DAHLKE, R. (1983): Krankheit als Weg. München.

DIAMOND, H. & M. (1987): Fit fürs Leben. Ritterhude.

DIAMOND, H. & M. (1987): Lebensmittel-Kombinations-Tabelle. Ritterhude.

DIAMOND, H. & M. (1989): Fit fürs Leben – Teil 2. Ritterhude.

DREWERMANN, E. (1992): Ich steige hinab in die Barke der Sonne. Olten.

ELMADFA I., AIGN W., FRITZSCHE D. (1988): GU Nährwert Kompaß. München.

FRETZDORFF, B. & WEIPERT, D. (1986): Phytinsäure in Getreide und Getreideerzeugnissen. Zeitschrift für Lebensmittel-Untersuchungs-Forschung, 182, S. 287–293.

GERSON, M. (1961): Eine Krebs-Therapie. Freiburg i. Br.

GESELLSCHAFT FÜR NATÜRLICHE LEBENSKUNDE e. V. (Hrsg.) (1988):

Heft 1: Milch, Quelle der Gesundheit oder Krankheit? Gefahren der Milch.

Heft 2: Lebenskraft durch Fleisch? Ein Märchen.

Heft 3: Fleisch. Ursache von Zivilisationskrankheiten.

Heft 4: Gesund durch natürliche Ernährung.

Heft 5: Unser Wasser. Ursache von Krankheiten.

Heft 6: Vegetarismus gestern und heute.

GILLESSEN, W. & B. (1991): Erfahrungen mit den Fünf »Tibetern«. Wessobrunn.

GOETZ, R. (1987): Naturkost – ein praktischer Warenführer, Bd. 1 & 2. Schaafheim.

GRAUPE & KOLLER (1992): Delikatessen aus Wildkräutern. Wien.

GRONAU, H. (1988): Keime und Sprossen – einfach köstlich. Weil der Stadt.

HAUSCHKA, R. (1989): Ernährungslehre. Frankfurt a. M.

HEININGER, F. (Hrsg.) (1992): Trinkwasser, Quelle des Lebens. – Ein ganzheitlicher Weg zu gesunder Ernährung und Umwelt. Steyr.

JOHARI, H. (1988): Grundlagen der ayurvedischen Kochkunst. Durach.

JOHARI, H. (1988): Das Ayurveda Kochbuch. Durach.

KELDER, P. (1989): Die Fünf »Tibeter«. Wessobrunn.

KENTON, L. & S. (1987): Kraftquelle Rohkost. München.

KOERBER, K. W., MÄNNLE, T. & LEITZMANN, C. (1987): Vollwert-Ernährung. Heidelberg.

KOLLATH, W. (1987): Die Ordnung unserer Nahrung. Heidelberg.

KUSHI, A. & JACK, A. (1987): Aveline Kushi's großes Buch der makrobiotischen Küche. Völkingen.

LAD, V. (1991): Das Ayurveda Heilbuch. Aitrang.

LAD, V. & D. FRAWLEY (1991): Die Ayurveda Pflanzenheilkunde. Aitrang.

LAN THAI, K. (1988): Köstliches aus dem Wok. München.

LEIBOLD, G. (1987): Enzyme. Niedernhausen/Ts.

MANN, A. T. (1989): Astrologie und Heilkunst. Grafing.

MEUTH, M. (1989): Die Thaiküche. München.

MEYER, H. (1992): Astrologie und Psychosomatik.

MOELLER, M. L. (1989): Gesundheit ist eßbar. Ritterhude.

MORNINGSTAR, A. & U. DESAI (1992): Die Ayurveda Küche. München.

PEITER, J. (1989): Die Heilkraft der Vital-Ernährung. Königstein-Falkenstein.

PILGRIM, V. E. (1988): Zehn Gründe kein Fleisch mehr zu essen. Frankfurt a. M.

RECKEWEG, H.-H. (1977): Schweinefleisch und Gesundheit. Baden-Baden.

Devanando O. Weise / Jenny Frederiksen

ROSEN, S. (1992): Die Erde bewirtet euch festlich. – Vegetarismus und die Religionen der Welt. Satteldorf.

SAHNI, J. (1987): Das große vegetarische indische Kochbuch. München.

SCHLEYER, M. B. (1987): The High Integrity Diet. Palermo/Kalifornien.

SCHMIDT, G. (1974): Dynamische Ernährungslehre Bd. 1. St. Gallen.

SCHMIDT, G. (1979): Dynamische Ernährungslehre Bd. 2. St. Gallen.

SHELTON, H. M. (1989): Richtige Ernährung. Ritterhude.

STEINBACH NATURFÜHRER: Beeren, Wildgemüse, Wildfrüchte. München.

STEINER, R. (1989): Naturgrundlagen der Ernährung. Stuttgart.

STEINER, R. (1989): Ernährung und Bewußtsein. Stuttgart.

SUMM, U. (1988): Trennkost. Niedernhausen/Ts.

WAGNER, C. (1992): Jeder ist einmalig. – Biochemische Konstitutionstypen des Menschen mit Angaben zur individuellen Ernährung. München.

WALB, L. & WALB, I. (1986): Die Haysche Trennkost. Heidelberg.

WALKER, N. W. (1991): Frische Frucht- und Gemüsesäfte. Ritterhude.

WEISE, D. O. (1991): Melone zum Frühstück. – Abenteuergeschichten über gesundes, genußreiches Essen. München.

WEISE, D. O. & J. P. FREDERIKSEN (1990): Harmonische Ernährung. – Wie Sie bewußter werden und Ihre persönliche gesunde Errnährung intuitiv selbst finden. München.

WEISE, D. O. (1992): Grundlagen gesundes Trinkens, Essens und Lebens.

HEININGER, F.: In Trinkwasser: Quelle des Lebens: S. 101–180

Devanando O. Weise – Jenny P. Frederiksen

Dr. Devanando Weise ist bekannt für sein „diätüberwinden-des" Eintreten für eine harmonische, gesunde Ernährungs-weise, die gleichzeitig Appetit macht und köstlich schmeckt. Zusammen mit seiner Lebensgefährtin Jenny P. Frederiksen, einer erfahrenen Lebensberaterin und Astrologin, setzte er die Ernährungshinweise Peter Kelders (in den Fünf »Tibetern«) in ein lebendiges, praxisorientiertes Rezept- und Ernährungs-buch um. Beide Autoren leben in München. Dr. Weise war 15 Jahre lang an verschiedenen deutschen Universitäten als Lehrer und Forscher tätig, zuletzt als Professor an der Uni-versität Gießen. Er schöpft aus seinem umfassenden Erfah-rungsschatz als Naturwissenschaftler, Ernährungsberater, Vollwert-Gourmetkoch, Geograph und Weltreisender. Bisher veröffentlichte er zwei Bücher (*Harmonische Ernährung,* 1990 und *Melone zum Frühstück,* 1991) und zahlreiche Fach-Artikel; er hält Vorträge und Seminare zu Ernährung und Bewußt-heit. Jenny Frederiksen ist astrologisch-psychologische Lebensberaterin und Vollwert-Gourmetköchin; außerdem praktiziert sie intuitive Heilmassage. Beide Autoren sind auch als Verleger tätig – sie sind Inhaber des Tabula Smaragdina Verlags, München.

Bücher aus dem
Frederiksen & Weise
TABULA
SMARAGDINA
Verlag
Perlschneiderstr. 39
81241 München

Sie wünschen weitere Informationen über eine gesunde Ernährung? Lesen Sie das Buch:

Harmonische Ernährung

Wie Sie bewußter werden und Ihre persönliche gesunde Ernährung intuitiv selbst finden – von Dr. Devanando Otfried Weise unter Mitarbeit von Jenny P. Frederiksen

Dieses grundlegende Buch räumt auf mit der Illusion, man könne durch Wunderkuren gesund und schlank werden und die Medizin wäre in der Lage, alle Fehler auszugleichen, die ein unzweckmäßiger Lebensstil, speziell in punkto Ernährung, verursacht hat. Das Buch sagt:

– welche Ernährung Sie gesünder und leistungsfähiger macht
– wie Sie vitaler und widerständiger gegen Krankheiten werden
– wie Sie sich körperlich, gefühlsmäßig und geistig in Form bringen
– wie Sie ausgeglichener, wacher, sensiver und bewußter werden
– wie Sie Ihre persönliche optimale Ernährung selbst herausfinden

Das Buch ermuntert, die Verantwortung für Ihr Leben selbst zu übernehmen, und es aus einer ganzheitlichen Sicht heraus individuell harmonisch zu gestalten. Es leitet dazu an, wie Sie bei einer Ernährungsumstellung mit Ihren Gefühlen, Wünschen, Begierden und Süchten richtig umgehen. Es zeigt, wie wichtig es ist, daß Sie sich selbst akzeptieren und lieben, auf Ihren Körper hören und Ihrer inneren Stimme folgen. Es ist die ideale Ergänzung zu dem vorliegenden Buch „Die Fünf »Tibeter«-Feinschmecker-Küche".

Mit einem Vorwort des Psychoanalytikers Prof. Dr. med. Michael Lukas Moeller.

In jeder
Buchhandlung
erhältlich

Paperback, 298 Seiten
29,80 DM · ISBN 3-9802471-0-4

Auch Kinder und Jugendliche brauchen eine gesunde Ernährung!

Melone
zum Frühstück

Abenteuergeschichten über gesundes, genußreiches Essen –
von Devanando Otfried Weise

Endlich ein Buch, das Kindern und Jugendlichen ab ca. acht Jahren auf spielerische Art und Weise in Form von Geschichten die Grundzüge gesunder Ernährung näherbringt! Auch Erwachsene werden das Buch mit Genuß und Gewinn lesen.

Wie schon in seinem Buch „Harmonische Ernährung" stützt sich der Autor auf den reichen, seit über hundert Jahren erprobten Erfahrungsschatz der Natürlichen Lebenskunde (Natural Hygiene) und führt die kleinen und großen Leser in verschiedene Länder, in denen seine „Helden" im täglichen Leben über eine gesunde und köstliche Ernährung lernen.

115 Seiten mit 43, z. T. farbigen, erheiternden, beschwingten Bildern von Frieder Vogel
29,80 DM · ISBN 3-9802471-1-4

Biochemische Konstitutionstypen des Menschen mit Angaben zur jeweils passenden Ernährung

Jeder
ist einmalig

Dr. Carl E. Wagner jr. –
Aus dem Amerikanischen und mit einem Vorwort von
Prof. a.D. Dr. Devanando O. Weise

Das gut verständliche und spannende Buch fußt auf den über fünfzig Jahre währenden wissenschaftlichen Untersuchungen des berühmten Konstitutionsforschers Prof. Dr. Victor Rocine, dessen Veröffentlichungen in den zwanziger Jahren erschienen. Diese Arbeit wurde von Dr. Wagner weiter ausgebaut und modernisiert. Der Autor beschreibt jede der zwanzig konstitutionellen Typen hinsichtlich aller in diesem Zuammenhang sinnvollen Aspekte menschlichen Lebens – von der äußeren Form bis hin zum Liebesleben und zur Spiritualität. Besonderen Wert legt er auf die Wirkung der verschiedenen chemischen Elemente im menschlichen Körper, auf die daraus folgenden Gesundheitsprobleme und wie sich der Mensch durch eine individuell passende Ernährung und Lebensführung harmonisieren kann. Hinweise auf Zwischentypen und Abwandlungen werden der Erkenntnis gerecht: „Jeder ist anders".

Paperback, 336 Seiten
39,80 DM · ISBN 3-9802471-2-4

Start.
Hier beginnt die Reise.
Jeder Moment ist Anfang.
Jetzt.
Integral.